ADAC

Venedig

von Nicoletta De Rossi

10 ADAC Top Tipps

Das müssen Sie gesehen haben! Die zehn Top Tipps bringen Sie zu den absoluten Highlights.

25 ADAC Empfehlungen

Unterwegs gut beraten: Diese 25 ausgesuchten Empfehlungen machen Ihren Urlaub perfekt.

Preise für ein DZ mit Frühstück:
€ | bis 150 €
€€ | bis 300 €
€€€ | ab 300 €

Preise für ein Hauptgericht:
€ | bis 25 €
€€ | bis 35 €
€€€ | ab 35 €

Seite 46

Intro

Impressionen ... 6
Magische Stadt auf dem Wasser
Auf einen Blick ... 11

Magazin

Panorama ... 12
Das sieht nach Urlaub aus!

Beste Reisezeit ... 18
Frühling, Sommer ... 18
Herbst, Winter ... 20

So schmeckt's in Venedig ... 22
In aller Munde ... 25

Einkaufsbummel ... 26
Das perfekte Souvenir ... 27

Mit der Familie unterwegs ... 28
Urlaubskasse ... 28
Übernachten ... 29
Auf der Kunstroute ... 30
Ab zum Lido ... 30
Beim Gondelbauer ... 31
Leuchtende Augen ... 31

Kunstgenuss ... 32
Canalettos Gemälde in Venedig ... 33
Der Vedutenmaler Canaletto (1697–1768) ... 35

So feiert Venedig ... 36
Rote Rosen überall – am Markus-Tag wird nicht nur der Heilige gefeiert

Venedig – gestern und heute 38
Am Puls der Zeit ... 41

Orte, die Geschichte schrieben ... 42
In der einstigen Werft Arsenale liefen die Schiffe der Seerepublik vom Stapel

Seite 55

Seite 26

Seite 30

Gelehrte Frauen 44
Von der ersten Frau mit Doktortitel und anderen talentierten Frauen Venedigs

Eine Stadt im Wasser 46
Der Grund der Lagune 47
Venedig – älter als gedacht? 49

Das bewegt Venedig 50
Statt Gondel – das Vaporetto ist das wichtigste Verkehrsmittel der Stadt

ADAC Traumstraße 52
Von Bozen über die Dolomiten und durch die Weinberge des Veneto mit genussvollen Pausen in die Lagunenstadt
Von Bozen nach St. Ulrich in Gröden 52
Von St. Ulrich nach Corvara 53
Von Corvara nach Cortina d'Ampezzo 54
Von Cortina d'Ampezzo nach Vittorio Veneto 55
Von Vittorio Veneto nach Valdobbiadene 56
Auf der Prosecco-Straße nach Venedig 57
Übernachtungsmöglichkeiten 57

Im Blickpunkt

Herrscher ohne Macht – der Doge 74
Tatort Venedig – Commissario Brunetti ermittelt 93
Karitativ und immer repräsentativ – die Scuole Grandi 95
Der Modernisierer des italienischen Lustspiels – Carlo Goldoni 97
Das Symbol der Lagunenstadt – die Gondel 105
Bald Geschichte? Kreuzfahrtschiffe in der Lagune 111
Antonio Vivaldi – Inbegriff der Barockzeit in Venedig 127
Land unter – das gefürchtete Hochwasser 130
Die Kunstbiennale 131
Grandiose Maskerade – Karneval in Venedig 134
Bacari – Treffpunkt zum Aperitif 145
Venezianische Spezialitäten 178

Unterwegs

ADAC Quickfinder
Das will ich erleben 60

San Marco – Zentrum der Lagunenstadt 64

1 Canal Grande 66
2 Piazza San Marco 68
3 Basilica di San Marco 73
4 Palazzo Ducale 75
5 Ponte dei Sospiri 77
6 San Giorgio Maggiore 77
7 Santa Maria del Giglio 78
8 Gran Teatro La Fenice 79
9 Campo Santo Stefano 80
10 Palazzo Fortuny 81
11 Scala Contarini del Bovolo 82
12 Fondaco dei Tedeschi 82
Am Abend/Übernachten 84/85

Santa Croce und San Polo – die Keimzelle Venedigs 86

13 Ponte di Rialto 88
14 San Giovanni Elemosinario 90
15 Fondazione Prada 90
16 Ca' Pesaro 91
17 San Stae 92
18 Palazzo Mocenigo 92
19 San Giacomo dell'Orio 93
20 San Nicola da Tolentino 93
21 Scuola Grande di San Rocco 94
22 Santa Maria Gloriosa dei Frari 95
23 Casa di Carlo Goldoni 96
24 Campo San Polo 97
Am Abend/Übernachten 98/99

Dorsoduro und Giudecca – reizende Kontraste 100

25 San Nicolò dei Mendicoli 102
26 San Sebastiano 102
27 Zattere 103
28 Squero di San Trovaso 104
29 Giudecca 106
30 Punta della Dogana 111
31 Santa Maria della Salute 112
32 Ca' Dario 114
33 Collezione Peggy Guggenheim 114
34 Gallerie dell'Accademia 115
35 Ca' Rezzonico ....
36 Ca' Foscari 117
37 Scuola Grande dei Carmini 118
38 Campo Santa Margherita 119
39 San Pantalon 121
Am Abend/Übernachten 122/123

Castello – charmante Bühne für die Biennale 124

40 Riva degli Schiavoni 126
41 Museo Diocesano d'Arte Sacra 127
42 San Zaccaria 127
43 San Giorgio dei Greci 128
44 Arsenale 128
45 Museo Storico Navale 129
46 Via Garibaldi 130
47 Giardini Pubblici 131
48 Sant'Elena 132
49 San Pietro di Castello 132
50 San Francesco della Vigna 133
51 Fondazione Querini Stampalia 133

52 **Santa Maria Formosa** 134
53 **Santi Giovanni e Paolo** 135
Am Abend/Übernachten 138/139

Cannaregio – das historische Händlerviertel 140
54 **Santa Maria dei Miracoli** 142
55 **Campo Santi Apostoli** 143
56 **Chiesa dei Gesuiti** 143
57 **Ca' d'Oro** 144
58 **Palazzo Vendramin Calergi** 144
59 **Madonna dell'Orto** 145
60 **Sant'Alvise** 146
61 **Ghetto** 146
62 **Santa Maria di Nazareth** 149
63 **Ponte della Costituzione** 149
Am Abend/Übernachten 150

Die Inseln der Lagune – eine märchenhafte Welt 152
64 **Lido** 154
65 **San Lazzaro degli Armeni** 159
66 **La Certosa** 160
67 **Sant'Erasmo** 161
68 **San Francesco del Deserto** 161
69 **Burano** 161
70 **Torcello** 162
71 **Murano** 164
72 **San Michele** 166
Am Abend/Übernachten 167

Zu diesen Orten und Sehenswürdigkeiten finden Sie Detailkarten im Innenteil des Reiseführers.

Service

Venedig von A–Z 170
Alle wichtigen reisepraktischen Informationen – von der Anreise über Notrufnummern bis hin zu den Zollbestimmungen.

Festivals und Events 174
Chronik 184
Mini-Sprachführer 185
Register 186
Bildnachweis 189
Impressum 190
Mobil vor Ort 192

Umschlag:

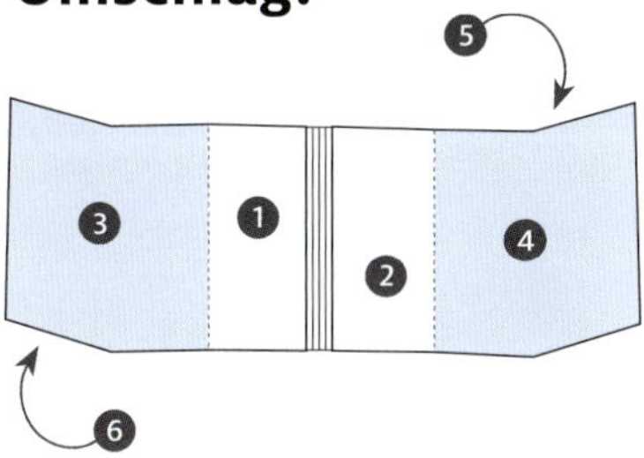

ADAC Top Tipps: Vordere Umschlagklappe, innen 1

ADAC Empfehlungen: Hintere Umschlagklappe, innen 2

Venedig Zentrum: Vordere Umschlagklappe, innen 3
Venedig Übersichtskarte: Hintere Umschlagklappe, innen 4
Verkehrslinienplan: Hintere Umschlagklappe, außen 5
Ein Tag in Venedig: Vordere Umschlagklappe, außen 6

Venedig – magische Stadt auf dem Wasser

Die Lagunenstadt gleicht einem Weltwunder, das jedes Jahr Millionen von Besuchern aus aller Welt fasziniert

Venedigs Skyline von San Giorgio Maggiore aus mit Campanile und Dogenpalast

Eine Stadt zwischen Himmel und Wasser, erbaut in einer einzigartigen Lagunenlandschaft! Venedig wurde auf mehr als hundert kleinen Laguneninseln und Millionen von Eichenpfählen gegründet. Fragil und doch resistent, trotzen sie wie die Stadt seit Jahrhunderten dem Wasser. Ganz gleich, ob man sich der »Erlauchtesten« vom Land- oder vom Seeweg her nähert: Plötzlich schiebt sich die Silhouette Venedigs mit ihren markanten Kirchtürmen ins Blickfeld: Wer sich in der Lagunenstadt bereits auskennt, versucht, sich an ihnen zu orientieren. »Benvenuti a Venezia!«

Ort der Vergänglichkeit

Venedig ist keine Fata Morgana, kein Traum, keine Utopie, kein Disneypark, sondern eine durchaus reale Stadt. Wie alle Städte entwickelt sie sich ständig, nur anders, weil sie auf Wasser gebaut ist. Seit ihrer sagenumwobenen Gründung rebelliert sie gegen die Natur und verdient deswegen die Bewunderung der ganzen Welt – seit 1987 ist Venedig UNESCO-Weltkulturerbe. Diese »Biberrepublik«, wie Johann Wolfgang von Goethe die Stadt in seiner »Italienischen Reise« einst bezeichnete, besteht aus 124 Inseln, die durch 438 Brücken über 178 Kanäle miteinander verbunden sind. Um den Kampf gegen das Wasser zu gewinnen, haben die Venezianer den Meeresboden in der Antike aufgeschüttet. Doch Venedigs Substanz ist labil und beweglich, Häuser und »campanili« stehen oft schief. Ihre unvollkommene Schönheit fasziniert, weil sie einem so menschlich vorkommt. Es gibt kaum einen Palazzo, der gerade, symmetrisch und schön verputzt ist: Das Salz zerfrisst den Putz, das Wasser schwärzt die Mauern und lockert den Grund, die Algen färben alles grün. Venedig ist ein Reich der Vergänglichkeit, dessen morbider Charme seit Jahrhunderten Romantiker in seinen Bann zog.

Eine bühnenreife Täuschung?

Um einen ersten Eindruck dieser einzigartigen Stadt zu erhalten, nimmt man den Vaporetto, der den Canal Grande hinunterfährt. Er tuckert unter der Rialtobrücke durch, vorbei an den Schauseiten der Palazzi, die sich im

Beide beliebt: der erfrischende Aperol Spritz zum Aperitif (unten) und die bunte Regata Storica (ganz unten)

Gondelfahrt durch die Kanäle von San Polo (oben) – Auf dem Fischmarkt von Rialto (Mitte) – Mosaiken in der Basilica di San Marco (unten)

Kanal widerspiegeln und damit den Wow-Effekt verstärken. So lässt sich schnell jahrhundertalte (Architektur-) Geschichte Revue passieren. Vorbei an der Punta della Dogana, der ehemaligen Zollstation, erreicht man das Bacino di San Marco und erblickt den beeindruckenden Dogenpalast, für 1100 Jahre Zentrum der Seemacht und Wohnort der Dogen. An diese Zeit erinnern heute noch grandiose Feste wie die Regata Storica, die deutlich machen, warum die Venezianer so stolz auf ihre Geschichte sind. Prächtige Paläste mit ihren schmucken Fassaden zeugen von der glorreichen Vergangenheit der Serenissima, der Republik Venedig. Die meisten machen allerdings nur auf der repräsentativen Kanalseite eine schöne Figur. Nur in Ausnahmefällen, wie bei Ca' Pesaro, sind auch die rückwärtigen Fassaden von architektonischem Wert. Ist in Venedig alles nur Inszenierung, eine bühnenreife Täuschung?

Gegen mögliche Enttäuschungen gibt es genug Gegenmittel: Es reichen eine raffinierte Marmorfigur an der Wand, ein gotisches, mit Blumen verziertes Fenster, ein Wassertor aus erlesenem Stein, eine niedliche Brücke mit schmiedeeisernem Geländer oder ein fast verborgener Garten, um sich immer wieder aufs Neue in die Stadt zu verlieben. Zu Fuß ist man hier auf rund 300 »calli« (Straßen) unterwegs, eilig sollte man es jedoch nicht haben. Am besten schlendert man gemächlich durch die beeindruckende Baudichte und staunt. Würde man jeden Tag eine neue Kirche besuchen, bräuchte man 148 Tage …

Venezia authentisch

Der Besuch der weltberühmten Sehenswürdigkeiten gehört zu jeder Venedig-Reise: Die goldgeschmückte Basilica di San Marco mit ihrer enormen Piazza, der Dogenpalast, dessen filigrane Fassaden an die Klöppelspitzen Buranos erinnern, oder das prunkvolle Theater La Fenice sowie die Kulturschätze von Kunstgalerien und Museen wie der Collezione Peggy Guggenheim oder der Accademia sind einfach Pflichtprogramm.

Danach sollte man sich aber Zeit nehmen und ziellos durch die sechs »sestieri« (Stadtteile) streifen, in die die Stadt seit 1171 unterteilt ist. Denn nur so lernt man den Alltag der Venezianer kennen: auf einem bunten Markt, wo die Spezialitäten der Lagune angeboten werden, in einem »bacaro«, einer Weinstube, wo man zum Aperitif ein paar »cicheti« (»Häppchen«) bestellt. Man bewundert die Kunst, Wäsche zwischen zwei hohe Häuser zu hängen, und vielleicht nimmt man all seinen Mut zusammen, um in ein Gondel-Traghetto einzusteigen. Übrigens:

Auf der Insel Giudecca sind die Venezianer noch weitgehend unter sich

Der schönste Teil der Gondel, der »ferro« (Bugbeschlag), symbolisiert die »sestieri« unterm Dogenhut und damit Geografie und Geschichte der Stadt.

> *»... nichts in der Welt, was Du je über Venedig gehört hast, kommt der prachtvollen und überwältigenden Wirklichkeit gleich.«*
>
> Charles Dickens

In Venedig unterwegs zu sein, heißt auch, die Licht- und Farbverhältnisse dieser Stadt schätzen zu lernen, die durch die Wasserreflexe ständig wechseln – aber auch ihre Magie in der Nacht. Als Stadt des Handels schlechthin ist Venedig für Begegnungen geradezu prädestiniert – und das nicht nur in der Zeit des Karnevals. Obwohl Venedig keine Hochsaison mehr kennt, kann man es zwischen November und Januar in einem ungewöhnlich langsamen Rhythmus erleben. Wenn der Winter kommt, die Kälte an den Gliedern nagt, das Hochwasser öfter steigt und der Nebel seinen geheimnisvollen Schleier auf die Flagge mit dem Markuslöwen legt, bereitet sich die Lagunenstadt auf die nächste Herausforderung vor: den Karneval. Doch auch in der Hochsaison, wenn man sich auf den touristischen Achsen kaum fortbewegen kann, findet man immer einen magischen Ort in einer einsamen »fondamenta«, wohin sich kaum Touristen verirren. Nicht ganz so voll wie in Venedig ist es auch auf den bezaubernden Laguneninseln Lido, Murano und Burano. Herrliche Stille

Imposant: der Eingang zum Arsenale, der historischen Schiffswerft der Serenissima

herrschen auf Torcello und der grünen Insel Sant'Erasmo, wo die Lagune den Rhythmus des Lebens bestimmt.

Doch Venedig kämpft auch mit zahlreichen Problemen, etwa mit der Abwanderung der Bevölkerung ans Festland und dem wiederkehrenden Hochwasser. Die Inbetriebnahme des Projekts MOSE zur Rettung der Stadt vor der »acqua alta« ist noch nicht in Sicht, und auch die riesigen Kreuzfahrtschiffe passieren trotz des Protestes der Venezianer immer noch den Giudecca-Kanal. Es ist höchste Zeit für nachhaltige Lösungen, um die Zukunft der einzigartigen Lagunenstadt zu retten. Venedig verdient es, denn »diese Stadt verbessert das Aussehen der Zeit und verschönert die Zukunft«, wie der Literaturnobelpreisträger Joseph Brodsky einst schrieb.

Sprache Italienisch; eigenständige Mundart »veneziano«

Währung Euro

Fläche 7,979 km² (mit Giudecca)

Einwohner knapp 55 000 (nur Altstadt)

Verwaltung 6 »sestieri« (Stadtteile)

Tourismus knapp 30 Mio. Touristen 2017

Wirtschaft Venedig lebt hauptsächlich vom Tourismus

Religion 85 % römisch-katholisch

Kirchen rund 150 aktive Gotteshäuser, 30 Kirchen sind entweiht, 40 wurden zerstört

Wichtigste Vokabeln »ponte« (Brücke), »campo« (Platz)

Darin sind die Venezianer Spitze
im Stehen rudern

Berühmtester Venezianer
Marco Polo

Das lieben alle Venezianerinnen
die Rosenknospe (»bocolo«), die sie zum Markusfest am 25. April von ihren Männern, Verlobten, Freunden oder Brüdern geschenkt bekommen

Das lieben alle Venezianer
»ombra« (Gläschen Wein) und »cicheti« (venezianisches Fingerfood) in einem »bacaro« (typische Kneipe) als Aperitif

Magazin

Unermüdlich verbinden die Vaporetti das Stadtzentrum Venedigs mit den Inseln der Lagune. Zum Greifen nahe liegt die Klosterinsel San Giorgio Maggiore mit ihrer gleichnamigen, von Andrea Palladio erbauten Kirche und dem markanten Campanile, der eine spektakuläre Weitsicht garantiert. Ein Ort der Ruhe und Besinnung – anders als die lang gestreckte Insel Lido im Hintergrund, die zu zahlreichen sportlichen Aktivitäten und im Sommer zum Badevergnügen einlädt.

SOTOPORTEGO DE
GHETO NOVO

Am Campo di Ghetto Nuovo konzentriert sich bis heute das jüdische Leben Venedigs. Hier, wo das weltweit erste Ghetto entstand, erinnern ein kleines Museum und zwei Mahnmale an das Schicksal der venezianischen Juden. Im Rahmen von Führungen gelangt man auch zu den versteckt gelegenen Synagogen, in denen sich am Sabbat die Gemeinde einfindet.

Sie ist eines der Wahrzeichen Venedigs: die steinerne Rialto-Brücke, der einige Holzkonstruktionen vorausgingen und die bis Mitte des 19. Jh. den einzigen Übergang über den Canal Grande bildete. Zu beiden Uferseiten tummelten sich einst Kaufleute aus der ganzen Welt und schlugen ihre Waren um. Rialto war die wirtschaftliche Keimzelle der Stadt. Und bis heute pulsiert hier das Leben, bieten ungezählte Händler ihre Produkte an.

HOTEL RIALTO
Actv 15

Beste Reisezeit Venedig

FRÜHLING

	März	April	Mai
Temperatur min./max.	4° / 13°	7° / 17°	13° / 23°
Sonnenstunden/Tag	6	7	8
Regentage im Monat	7	8	8
Wassertemperatur	11°	12°	18°

Die Bedeutung der Symbole (Angaben sind Mittelwerte)

- 9° / 18° Temperatur min./max.
- Sonnenstunden/Tag
- Regentage im Monat
- Wassertemperatur

Blühende Gärten, klare Luft und imposante Feste: Das Frühjahr ist eine der schönsten Jahreszeiten, um die Lagunenstadt zu besuchen.

Die neblig-kalten Wintertage verabschieden sich, die Stadt blüht wieder auf! Nicht nur in den Parks und den versteckten Gärten der Lagunenstadt zeigt sich erstes zaghaftes Grün, auch die Hausfassaden werden mit bunten Blumentöpfen geschmückt. Die Kaffeehausbetreiber rücken Tische und Stühle in den Gassen zurecht, und wer kann, sitzt draußen und genießt bei einem Espresso die ersten wärmenden Sonnenstrahlen des Jahres. Die Temperaturen sind in dieser Jahreszeit noch angenehm mild und die Luft ist klarer als im Sommer, wenngleich es im April und Mai auch mal regnen kann. Die Stadt, die längst keine klassische Hochsaison mehr kennt, ist bereits im Frühjahr überlaufen. Dementsprechend hoch sind auch die Übernachtungspreise. Nach Möglichkeit sollte man nicht zu Ostern oder während der Eröffnungstage der Biennale nach Venedig reisen, da die Stadt an diesen Tagen aus allen Nähten platzt. Der Wonnemonat Mai ist auch die Zeit der meisten Volksfeste: Die Festa della Sensa zu Christi Himmelfahrt und die Vogalonga (S. 112) locken zahlreiche Besucher in die Stadt. Zu den Highlights dieser Saison zählt auch der 25. April: Das Symbol des Festes für den Stadtpatron Markus ist eine Rosenknospe, welche die Venezianerinnen geschenkt bekommen (S. 36).

Bei der Vogalonga, der jährlichen Ruderregatta im Mai, ist Muskelkraft gefordert

Im Hochsommer heiß begehrt: die langen Sandstrände auf der Insel Lido

SOMMER

Während Venedig im Juni und Juli völlig überlaufen ist, zieht es im August alle an die Strände: In der Stadt bleibt nur noch die drückende Schwüle.

Der Juni bietet mit seinen langen Tagen oft herrliches Wetter, dagegen wird die Hitze im Hochsommer erdrückend. An den Kanälen macht sich unangenehme Schwüle breit. Abkühlung bieten die Eisdielen, und bei einer Fahrt mit dem Vaporetto fächelt einem der Fahrtwind erfrischend kühlere Luft zu. Wer mit Kindern unterwegs ist, macht sich auf zu den Strandbädern auf dem Lido: Den ganzen Sommer ist das Wasser hier allerdings badewannenwarm! Stadtspaziergänge sollte man in dieser Jahreszeit auf den frühen Morgen legen, wenn es in den Gassen der »sestieri« noch vergleichsweise kühl ist. Rund um die Mittagszeit empfiehlt sich eine Pause im Schatten, z. B. in den Giardini, oder der Besuch eines klimatisierten Museums. Lange Spaziergänge auf den sonnigen Promenaden, wie Zattere oder Riva degli Schiavoni, sind ohnehin bei Sonnenuntergang oder nach dem Abendessen am schönsten. Am dritten Wochenende im Juli steht die Stadt ganz im Zeichen des Redentore-Festes samt imposantem Feuerwerk: Die Hotelpreise erreichen dann ihren Höhepunkt, genauso wie während der Eröffnungstage der Biennale. Im August sind es in erster Linie Tagesausflügler, die Venedig besuchen. Zumindest am Abend haben die wenigen Venezianer, die bei der Schwüle noch in der Lagunenstadt geblieben sind, ihre Stadt wieder ein bisschen für sich.

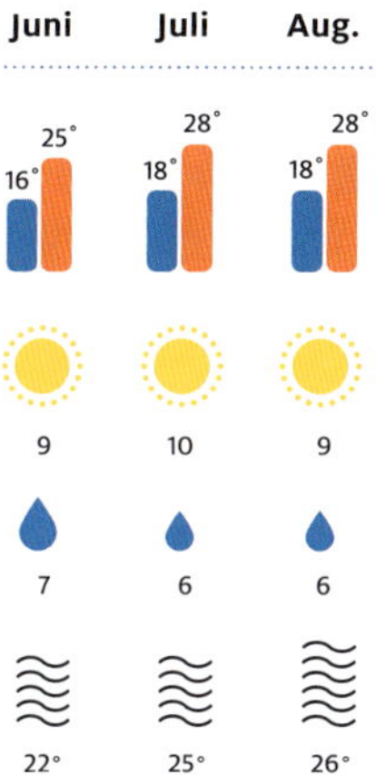

Jetzt heißt es, die letzten wärmenden Sonnenstrahlen einzufangen, wie hier am Campo San Zaccaria

HERBST

Goldenes Licht, etwas weniger Rummel, aber auch Nebel und manchmal Hochwasser: Das melancholische Venedig ist ein besonderes Erlebnis.

Sept.	Okt.	Nov.
14° 24°	13° 18°	4° 12°
8	6	3
7	9	11
23°	19°	16°

Die tief stehende Sonne wirft lange Schatten, und die bröckelnden Fassaden der Lagunenstadt leuchten in warmen Ockertönen. Die Wochen zwischen Ende September und Mitte Oktober sind eine ideale Reisezeit: Angenehme Temperaturen von bis zu 24 °C und das warme Licht verleihen Venedig ein romantisch-nostalgisches Flair. Und das Wasser hat bis Anfang Oktober noch Badetemperatur! Auf verregnete Kanäle und »calli« muss man sich dagegen im November einstellen. Dann ist es gut, dass es in der Lagunenstadt so viele »sottoporteghi« (Gebäudeunterführungen) gibt, die vor Regen schützen. Nicht selten kommt es dann zum berüchtigten »acqua alta« (Hochwasser), vielerorts werden Holzstege aufgebaut, über die man dann im Gänsemarsch tappt. Im November macht sich mitunter eine melancholische Stimmung in der Stadt breit. Es ist die Zeit des Nebels, der von der Stadt und der Lagune Besitz ergreift und alle Konturen für eine Weile verschwinden lässt. Schwermütig und ungewöhnlich still präsentiert sich die Stadt in dieser Saison, in der sie wieder den Rhythmus einer ganz normalen Kleinstadt gewinnt: Alles wirkt langsam, fast träge, als ob sich die Venezianer auf den Winterschlaf vorbereiten würden. Wer Venedig im Herbst besucht, darf auf Schnäppchenpreise bei den Übernachtungen hoffen. Viele Hoteliers senken dann die Preise – zumindest ein bisschen.

WINTER

Kalt, ungemütlich und nebelverhangen, zugleich aber von geheimnisvoller Schönheit: Venedig bietet auch im Winter grandiose Stimmungen und mit dem »Carnevale« spektakuläre Bilder.

Schneeflocken pudern die Basilica di San Marco, und auf der zugefrorenen Lagune landen kreischende Möwen: Dieses Winterszenario gibt es – aber äußerst selten! Zwar wird es auch in Venedig winterlich kalt, und die Temperaturen sinken bisweilen unter den Gefrierpunkt, aber meist umgibt ein feuchter Mantel die Stadt, ähnlich wie im November. Anhaltende Schneefälle bleiben die Ausnahme. Wesentlich wahrscheinlicher ist es, dass man im Winter vom »acqua alta« in den »fondamenta« und »calli« überrascht wird, wenn Stürme das Wasser in die Lagune drücken. Im Januar und Februar lacht bisweilen die Sonne vom klaren, wolkenlosen Himmel, allerdings bei niedrigen Temperaturen. Die Sonnenstrahlen werfen dann lange Schatten, die dem Besucher in den menschenleeren, stillen Gassen kontrastreiche Bilder schenken. Also Fotoapparat nicht vergessen! Und es folgt das Event, worauf jeder in Venedig wartet: der Karneval. Die fünfte Jahreszeit kann man bei strahlendem Sonnenschein oder richtigem Schmuddelwetter erleben, aber generell sind die Temperaturen winterlich. Besucher aus aller Welt reisen dann an, um die zauberhaften Kostüme vor grandioser Kulisse zu bewundern. Kurz vor Frühlingsbeginn ist das Licht in der Lagunenstadt dann oft noch durch einen milchigen Schleier getrübt.

Dez.	Jan.	Feb.
1° 7°	0° 6°	1° 8°
3	4	5
10	6	6
14°	10°	9°

Ein seltenes Schauspiel: die Basilica di San Marco in weißer Pracht

Rasch füllen sich am Abend die Restaurants am Campo Santa Margherita

Verführerisch – die Früchte der Lagune

Fisch und Meeresfrüchte sind das Markenzeichen der venezianischen Küche, die jedoch längst kulinarische Alternativen bietet. Eher alternativlos ist der Aperitif, der regelrecht zelebriert wird und zum venezianischen Lebensgefühl einfach dazugehört.

Das Klirren des Geschirrs beim Aufdecken ist nicht zu überhören, und auch aus den kleinen »calli« kommt einem bereits am frühen Mittag verführerisch der Duft von gebratenem Fisch entgegen. Wer Fisch und Meeresfrüchte mag, befindet sich in Venedig im Schlaraffenland. Die Venezianer sind echte Feinschmecker und Kenner, wenn es ums Kulinarische geht: Wer früh am Morgen zum Fischmarkt (S. 89) geht, kann selbst beobachten, mit welchem Können und welcher Akribie sich die einheimische Kundschaft Fisch und Meeresfrüchte aussucht. Die meterlangen Thun- und Schwertfische, die vielen Sorten Muscheln, Hummer und Krebse werden dort täglich regelrecht ausgestellt, aber auch genauso schnell verkauft. Zu den Klassikern der venezianischen Küche (S. 178) gehören »capesante« (Kammmuscheln) und »coda di rospo« (Seeteufel) »alla veneziana« (auf venezianische Art). Als Genießer wissen Einheimische auch, wann die richtige Zeit für die »moeche« (S. 130), die absolute Delikatesse der Lagunenstadt, ist: Sie gibt es nur im Frühling oder zwischen Oktober und November – und nur hier.

WO DIE VENEZIANER SPEISEN

Schwungvoll schüttet Luigi Eiswürfel über den frischen Oktopus. Ohne Kühlung würde die Ware auf der Pescheria, dem Fischmarkt, bei der Sommerhitze leicht verderben. So aber dürfen sich die Gäste am Abend über frisch zubereiteten Oktopus freuen. Denn die traditionellen Gerichte aus Fisch und Meeresfrüchten stehen auch auf den Speisekarten der meisten Restaurants. Um eine gute Küche zu erschwinglichem Preis in der Lagunenstadt zu genießen, sollte man sich für eine ruhige Trattoria abseits der touristischen Routen entscheiden – man muss nicht unbedingt in einem Gourmetrestaurant in der Nähe von San Marco speisen! In Cannaregio kann man in vielen Lokalen heute noch günstig essen. Faustregel: Da wo die Einheimischen sitzen, ist man garantiert richtig. Auch hier schmecken der »risotto di pesce« bzw. »di seppie« (Fisch- und Tintenfischrisotto) oder Nudeln, wie die »pasta al nero di seppia«, die mit der schwarzen Farbe des Tintenfischs gefärbt sind. Probieren sollte man auch die »sarde in saor« (marinierte Sardinen) und die »seppie alla veneziana« (Tintenfisch mit weißer Polenta).

Die Pescheria bietet fangfrische (Tinten-)Fische an

Einfache Rosticcerie, wo man sich selbst bedient, bieten günstige Mahlzeiten: Hier trifft man oft auch auf Venezianer, die auf die beste »mozzarella in carrozza« (frittiertes Käsesandwich) oder den geschmackvollsten Fischrisotto schwören.

NICHT NUR FISCH UND MEERESFRÜCHTE

Ja, Venedigs Küche ist fischlastig! Doch auch Fleisch- und Gemüseliebhaber kommen auf ihre Kosten: Neben klassischen internationalen Fleischgerichten bieten

Restaurants das typisch venezianische Gericht »fegato alla veneziana«, eine Kalbsleber mit Zwiebeln, die mit Polenta serviert wird. Oder »Carpaccio«: Wer kennt nicht das in hauchdünnen Scheiben präsentierte, marinierte rohe Rindfleisch als Vorspeise? Erfunden hat das schmackhafte Gericht Giuseppe Cipriani, Inhaber von Harry's Bar (S. 84), 1950. Seine rote intensive Farbe erinnerte Cipriani an die Gemälde von Vittorio Carpaccio, daher der Name.

Die Küche der Venezianer ist aber auch reich an Gemüse, das direkt von den Gemüsegärten der Laguneninseln kommt. Köstlich schmeckt etwa die Spezialität »castraure«: Diese ganz jungen Artischocken werden auf den kleineren Laguneninseln angebaut. Vegetarische Gerichte, wie hausgemachte Nudelspeisen mit Gemüsesoßen oder Gnocchi, findet man etwa bei Baci & Pasta, während Tutti in piedi (www.tuttinpiedi.com) Streetfood aus Nudeln kredenzt. Besuchern, die sich vegan ernähren möchten, bietet Venedig mittlerweile ein gutes Angebot an veganen Restaurants, eines davon ist Tecia Vegana (www.lateciavegana.com).

Baci & Pasta
Campo Santa Marina, Castello 5902/a, Tel. 041/ 564 74 00

HAT KULTSTATUS: DER APERITIVO

Glücklicherweise beschränkt sich die Getränkeauswahl nicht nur auf den Spritz, der heute sowieso nicht mehr aus der venezianischen Aperitif-Kultur wegzudenken ist. Aber Spritz ist nicht gleich Spritz! Der Barmann kann den ultimativen Aperitif mit einem Bitter – Aperol,

Richtig zubereitet sind sie eine überaus beliebte Delikatesse: die jungen Artischocken von der vorgelagerten Laguneninsel Sant'Erasmo

Vor einer solchen Kulisse schmeckt der Aperol Spritz gleich nochmal so gut

Campari oder Select – zubereiten. Die letzte Variante ist wirklich »alla veneziana«, denn der rote italienische Likör wurde in den 1920er-Jahren in der Lagunenstadt erfunden. Ursprünglich wurde das modische Getränk mit Weißwein serviert, mittlerweile wird der Wein oft durch den Prosecco ersetzt. Gute Weine aus der Region Venetien und hochqualitativer Prosecco sind eine schmackhafte Alternative für den obligatorischen abendlichen Aperitif.

In aller Munde

Eine cremige blasse Paste verziert mundgerechte »crostini« und kleine Scheiben Polenta, die auf den Servierplatten liegen. »Prego signori«, lädt der Kellner zum Probieren des **»baccalà mantecato«** (Stockfischcreme) ein. Die Creme zergeht auf der Zunge genauso wie die warme Polenta, während der Geschmack des gewürzten Fisches sich im Mund verteilt. Die berühmteste venezianische Spezialität wird dabei aus einer norwegischen Zutat zubereitet: dem Kabeljau. 1432 erlitt der Venezianer Pietro Querini mit seiner Crew Schiffbruch vor den Lofoten. Dort entdeckte er den Stockfisch, den er später nach Venedig brachte. Der getrocknete Kabeljau (»stoccafisso«, Stockfisch) kommt ausschließlich aus Norwegen. Wird das Fleisch des Kabeljaus gesalzen und getrocknet, wird er »baccalà« genannt und kann auch aus anderen Ländern, wie Island oder Dänemark, stammen. In der venezianischen Mundart werden die beiden Zubereitungsarten des Kabeljaus immer nur mit »baccalà« bezeichnet. Das Fleisch dieses Fisches ist weiß, hat einen geringen Fettgehalt und ist reich an Proteinen. Die feine Stockfischcreme wird auch als »cicheto« auf einer Scheibe Brot serviert. Kosten kann man einen guten »baccalà mantecato« in vielen venezianischen Restaurants, wie in der traditionsreichen Trattoria Al Ponte del Megio.

Trattoria Al Ponte del Megio, Santa Croce 1666, Tel. 041/719777

Ein faszinierendes Schauspiel: Ein Glasbläser auf der Insel Murano demonstriert sein Handwerk

Verborgene Schätze – das Kunsthandwerk

Kitsch und Kunst – in Venedig ist beides zu haben. Während man dem bunten Tand kaum entkommen kann, braucht man etwas Spürsinn, um die echten Kunsthandwerker zu finden.

Souvenirs, Souvenirs: Bei einem Spaziergang durch die Lagunenstadt wird man regelrecht erschlagen von dem überbordenden Angebot an buntem Nippes. Masken, Miniaturgondeln, Nachbildungen der Rialto-Brücke, Glasfiguren, T-Shirts und glibberige Gummitierchen, die mit einem Plopp aufs Straßenpflaster geknallt werden … In der Tat ist es nicht ganz leicht, über den ganzen Kitsch hinwegzusehen, aber einen Versuch ist es wert. Denn noch immer kann man in der Lagunenstadt Handwerksprodukte von hoher Qualität finden. Geschaffen von Kunsthandwerkern, die mit Leidenschaft und viel Können ihre Kunstobjekte nach venezianischer Tradition herstellen – selbstverständlich zu einem anderen Preis als die industriell produzierten Billigsouvenirs.

Beispiel Murano-Glas: Es bleibt das beliebteste, obwohl nicht gerade billigste Souvenir aus Venedig. Doch schätzungsweise bis zu 70 % der in der Lagunenstadt verkauften Objekte aus »Murano-Glas« werden nicht lokal gefertigt. Um echtes Künstlerglas aus Murano zu

kaufen, sucht man nach dem Siegel »Vetro Artistico Murano« – und schaut z. B. bei Glass Dream vorbei.
Auch Masken werden überall in Venedig angeboten: von abstraktem Design bis zu den alten traditionellen Masken der Commedia dell'Arte. Wer die »bauta«, die traditionelle Maske Venedigs, kaufen möchte, begibt sich nach Dorsoduro, wo man das Maskenatelier Ca' Macana (www.camacana.com) findet. Oder nach San Polo: Im Atelier La Bauta (www.labauta.com) werden diese Masken neben Kostümen noch handwerklich gefertigt. Bei manchen politischen Entscheidungen war es obligatorisch, dass sie getragen wurden, um die »geheime Stimmabgabe« zu gewährleisten.
Neben traditionellen Spitzen aus Burano und Keramik gibt es aber auch Designer, die künstlerisch originelle Objekte handwerklich fertigen, wie Maria Luisa De Bin, welche die Linie Lagooneyes (www.lagooneyes.it) kreiert hat: Brillengestelle mit den Bügeln in der Form des »ferro« einer Gondel. Oder aber wertvolle handwerklich gewebte Stoffe werden zu exklusiven Taschen und Clutches, wie bei der traditionsreichen Weberei Luigi Bevilacqua (www.luigi-bevilacqua.com).

Zertifiziertes Murano-Glas
Glass Dream, Calle dei Specchieri, San Marco 634

Das perfekte Souvenir

Marmoriertes Papier
Es zählt zu den typischen Mitbringseln aus Venedig und schaut auf eine lange Tradition in der Lagunenstadt zurück: marmoriertes Papier. Die antike Technik, um dieses edle Papier herzustellen, stammt ursprünglich aus dem Orient. Dank der Handelsbeziehungen der Republik Serenissima brachte man dieses Know-how auch in die Lagunenstadt, weil das fälschungssichere marmorierte Papier für diplomatische Unterlagen geradezu ideal war. Schaut man Alberto Valese zu, sieht alles ganz einfach aus: Er taucht die Papierbogen per Hand in flüssigen Leim, dann werden sie mit Aquarellfarben marmoriert. Simsalabim: Schon entstehen wunderbare, unterschiedlich bunte Motive. Mit diesem Papier dekoriert man in Venedig übrigens Schachteln, Bücher und Hefte aller Größen. Maestro Valese ist (nur) einer, der dieses faszinierende Handwerk beherrscht.
Alberto Valese, Campo Santo Stefano 3471, Tel. 041/523 88 30, www.albertovalese-ebru.it

Ein Klassiker der Lagunenstadt: Notizbuch aus marmoriertem Papier

Gelato, Gondeln und bunte Glaskunst

Eine Stadt auf dem Wasser: Welches Kind wäre da nicht fasziniert? Auch Kinder lieben die Lagunenstadt, wenn man sie ihnen kindgerecht präsentiert. Und wenn es doch mal langweilig wird, zieht man einen der Joker: unschlagbar köstliches Eis, Baden am Lido – oder Kreativangebote, die Kinderherzen höherschlagen lassen.

URLAUBSKASSE – SO LÄSST SICH SPAREN

»Prego, Signore, il conto!« Nachdem der Kellner die Rechnung überreicht hat, wird es still am Tisch. »Donnerwetter, was für Preise!«, murmelt Papa. »Und dann gleich noch ins Museum! Das läppert sich.« Venedig ist ein teures Pflaster, und wer hier mit der Familie ein paar Tage verbringen will, muss tief in die Tasche greifen. Ferienapartments bieten meist die Möglichkeit, selbst zu kochen, ansonsten heißt es: auswärts essen gehen. Etwas abseits der Touristenmeilen findet man in der Regel günstigere Restaurants. Wie gut auch, dass es an jeder Ecke die kleinen Pizzastücke oder Tramezzini für rund 2–3 € gibt. So richtig ins Geld gehen die Vaporetto-Fahrten und die Eintrittspreise für Museen,

Bootstouren auf dem Canal Grande stehen auch bei Kindern hoch im Kurs

Wenn die Kinder den Künstler in sich entdecken: beim Bemalen von Karnevalsmasken

aber wer wollte in Venedig schon auf die wichtigsten Attraktionen verzichten? Deshalb gilt: vorher online die zahlreichen Ermäßigungen und Familientickets checken! Das lohnt sich auf jeden Fall.

ÜBERNACHTEN – DIE RICHTIGE ADRESSE FÜR FAMILIEN

Die Kinder sind begeistert! Die Hauskatze hat Junge bekommen; während die Kinder jede Regung der kleinen Kätzchen beobachten, sitzen die Eltern beim ersten Espresso, der nirgendwo so gut schmeckt wie in Italien. Kinder sind in italienischen Hotels grundsätzlich willkommen. Nach einer langen Anreise kann es von Vorteil sein, ein Hotel in der Nähe vom Piazzale Roma oder vom Hauptbahnhof zu wählen. Hotels, die über Zimmer mit mehreren Betten verfügen, sind dabei natürlich besonders praktisch. Ist noch ein kleiner Garten dabei, wie im Hotel Abbazia (www.abbaziahotel.com), kann das zur Entspannung beitragen. Zu den familienfreundlichsten Hotels in Venedig zählt auch das Hotel Sant'Elena (www.hotelsantelena.com) nahe den Biennale-Pavillons. Es bietet ein spezielles Kinderpaket, um den Aufenthalt in der Lagunenstadt so kinderfreundlich wie möglich zu gestalten. Eine kostengünstige Alternative zu Hotels bieten Apartments (S. 128), in denen man sich selbst versorgen kann und mehr individuelle Freiheit genießt. Auch hier gilt: Wer ein schönes und günstiges Domizil sucht, sollte möglichst früh buchen.

Sport, Spiel und Spaß: Die Strände der Insel Lido bieten perfekte Abwechslung nach dem Pflastertreten

AUF DER KUNSTROUTE

Das grenzt an Magie: Ein paar Handgriffe mit der Zange, und schon ist aus der heißen Masse ein filigranes Pferd aus Glas entstanden. Die Glaswerkstätten auf der Insel Murano sind für Kinder der Hit. Auch raffinierte Glasperlen und »murrine« (aus Millefioriglas) als Schmuck gewinnen die Herzen kleiner Mädchen. »Wie schön die leuchten«, freut sich die kleine Mona, als sie die bunten Perlen in der Hand hält. »Das will ich auch können«. Künstlerische Workshops rund um das Murano-Glas (oder Karnevalsmasken) für Kinder zwischen fünf und elf Jahren und deren Familien bietet Macaco Tour (www.macacotour.com) an – auch auf Deutsch. Berühmte Kunstgalerien, wie das Museum Guggenheim (S. 114) oder der Palazzo Grassi (www.palazzograssi.it), haben ebenfalls Workshops für Kinder im Programm, um sie für Kunst zu begeistern. Sprachkenntnisse sind dabei sekundär. Lustig und aufregend wird es für die Kinder in der Karnevalszeit. Stolz zeigen sie ihre selbst gefertigten Masken: Jedes Jahr findet für sie an unterschiedlichen Orten ein Wettbewerb der schönsten Karnevalmaske (La Maschera più Bella, www.carnevale.venezia.it) statt.

AB ZUM LIDO

Zu viel Kunst und Kultur? Als Abwechslung bietet sich ein Tag am Strand auf der Insel Lido an: Wasservergnügen ist für jedes Kind dort garantiert! Wer mag, mietet sich in der Nähe des Vaporetto-Anlegers Fahrräder und radelt an den Murazzi entlang Richtung Alberoni. Hier ist man am Strand bisweilen ganz allein! Lustig ist für die ganze Familie auch eine Rundfahrt mit der Rikscha!

Möchte man sich im Golfsport versuchen, bekommen Kinder und Jugendliche unter 18 Jahren im Circolo Golf Venezia (S. 159) attraktive Einstiegstarife.

Für die älteren Kinder (ab acht Jahren) ist eine Besichtigung des Planetariums (www.astrovenezia.net) auf der Insel Lido verlockend, um den Himmel über Venedig zu erkunden, allerdings nur zwischen Oktober und Mai.

BEIM GONDELBAUER

Hier wird geraspelt, gefeilt, gestrichen ... Es riecht nach Holz und Lack: am Squero San Trovaso (S. 104), wo Venedigs Gondeln gebaut oder überholt werden. Dass man sogar beim Bau einer Gondel dabei sein kann, finden viele kleine Besucher toll. Und sollte das terminlich gerade nicht klappen, kann man zumindest vom gegenüberliegenden Ufer einen Blick auf die Arbeit in der Gondelwerft erhaschen. Ist man auf der Insel Giudecca unterwegs, lohnt ein Blick in die Gondelwerft Cantiere Dei Rossi Roberto: In diesem »squero« erblickt man auch weitere typisch venezianische Regattaboote, wie »caorline«, »gondolini«, »puparini« und »mascarete«, die hier traditionell hergestellt werden.

Wo Gondeln entstehen
Cantiere Dei Rossi Roberto, Calle San Giacomo, Giudecca 866/A, Tel. 041/5223614, www.costruzionegondoledeirossi.it

Leuchtende Augen

Umwerfend! Das fast vollständige Skelett des über 7 m großen Dinosauriers Ouranosaurus nigeriensis, der vor 100 000 Jahren in Niger lebte, und der Schädel des Sarchosuchus imperator, eines riesigen Krokodils! Spektakulär sehen auch die Skelette eines knapp 20 m großen Finnwals und eines jungen Pottwals in der Galleria dei Cetacei aus. Das **Naturhistorische Museum** Venedigs (Museo di Storia Naturale, *www.visitmuve.it*) ist seit 1923 im schönen Palast Fondaco dei Turchi am Canal Grande untergebracht. Nicht nur Kinder bekommen leuchtende Augen vor den verschiedenen Sammlungen. Von der Botanik und der Pilzkunde – der größten italienischen Sammlung überhaupt – über die Zoologie bis hin zu Mineralien, Fossilien und Felsen: Kein Naturliebhaber kommt hier zu kurz. Was aber die Herzen der Kleinsten höherschlagen lässt, sind eben die großartigen Dinosaurier!

Canalettos eindrucksvolle Gemälde bringen uns das Venedig des 18. Jh. näher

Veduten – Werbung für Venedig

Fast so detailgetreu wie Fotografien bilden Veduten Landschaften und Städte ab. Und so brachte die englische Aristokratie, die im 18. Jh. bevorzugt nach Italien reiste, nahezu realistisch wirkende »Postkarten« von Venedig mit ins Empire.

DIE VEDUTENMALEREI IN VENEDIG

Wirklichkeitstreu zeigten die venezianischen Vedutenmaler ihre Stadt: Ihr Ziel war die Wiedererkennbarkeit des Stadtbildes, das in ihren Werken fast fotografische Perfektion erreicht, mit poetischen und persönlichen Ausschweifungen. Eine »veduta« ist die Ansicht eines landschaftlichen Motivs in quasi realistischer Form. Und in der Tat: Wer vor den Gemälden dieses Genres steht, hat fast den Eindruck, eine Postkarte bzw. ein Foto vor sich zu haben. In der Lagunenstadt entwickelte sich die Vedutenmalerei im 18. Jh. so erfolgreich, dass Venedig und die Vertreter der venezianischen Schule fast zum Synonym für dieses Genre der italienischen Landschaftsmalerei geworden sind. Damals war die obligatorische Bildungsreise nach Europa bzw. Italien eine Mode für ausländische, vor allem englische Aristokraten. Diejenigen, die Venedig besuchten, kamen mit einem Gemälde der Lagunenstadt zurück nach Hause. Dieses »Souvenir« gab haargenau und detailreich die Lagunenstadt und ihre einzigartige Stimmung wieder. Auch die venezianischen Adligen wollten ihre Stadt, die zu Beginn des 18. Jh. auf internationaler Ebene an Macht eingebüßt hatte, wieder zelebrieren und trugen daher stark zum Erfolg dieses Genres bei. Vorläufer der Vedutenmalerei waren der holländische Künstler Caspar van Wittel und Luca Carlevarijs, ein Maler aus dem italienischen Friaul.

In den Kunstwerken der Vedutenmalerei werden nicht nur die großen venezianischen Zeremonien dargestellt, sondern auch urbane Szenerien. Die Gebäude der Lagunenstadt werden zu Hauptmotiven: Topografie, Perspektive und Witterungslage nähern sich dabei fast der Perfektion. Wie konnten die Maler solch realistische Ergebnisse in der Malerei erzielen? Sie arbeiteten mit einer Camera obscura (Lochkamera), welche das Bild der Landschaft genau wiedergab. Deswegen kann man diese Stilrichtung in der Malerei als Vorläufer der modernen Fotografie bezeichnen.

Er war ein Meister der wirklichkeitsgetreuen Malerei: Giovanni Antonio Canal, genannt Canaletto

Zu den wichtigsten italienischen Vedutenmalern zählt der Venezianer Antonio Canal, genannt Canaletto, den jeder Kunstkenner sofort mit Venedig verbindet. Durch seine ersten Werke lernt der Zuschauer auch das sogenannte Venezia minore (das nicht so wichtige und daher

Canalettos Gemälde in Venedig

Viele Werke der venezianischen Vedutenmalerei sind in Italien und auf der ganzen Welt verstreut, im Falle von Canaletto vor allem in England. In Venedig kann man nur zwei seiner Meisterstücke bewundern, im Museo del Settecento Veneziano in der Ca' Rezzonico (S. 117): Im Portego dei dipinti im zweiten Stock sind die Werke »Il Canal Grande da Palazzo Balbi a Rialto« und »Rio dei Mendicanti« ausgestellt. Diese beiden Gemälde des jungen Canaletto sind die einzigen, die man in einem staatlichen Museum in Venedig sehen kann, denn viele seiner Werke befinden sich in Privatbesitz. Vor allem im »Rio dei Mendicanti« bildet Canaletto auch eine ärmere Gegend Venedigs ab.

Museo del Settecento Veneziano Ca' Rezzonico, Fondamenta Ca'Rezzonico, Dorsoduro 3136, Tel. 041/2410100, www.carezzonico.visitmuve.it, April–Okt. Mi–Mo 10–18, Nov.–März bis 17 Uhr, 10 €, erm. 7,50 €, oder mit Museum Pass

weniger bekannte Venedig) kennen: Häuser mit den typischen »altane« (eine Art Dachterrasse), pittoreske »rii« (die Wasserkanäle, welche die einzelnen Inseln trennen) und enge »fondamenta« sind in den Bildern zu erkennen. Canaletto galt als der unbestrittene Künstler seiner Zeit und war von Schärfe und Detailtreue in seiner Technik fast besessen. Obwohl viel Licht und Sonne seine Werke bestimmen – eben deswegen wurden seine Gemälde am Anfang seiner künstlerischen Karriere sehr geschätzt –, besitzen diese auch immer eine gewisse Dramatik durch das kontrastreiche Spiel von Licht und Schatten. Mit ein paar Pinselstrichen konnte er das einzigartige Licht der Lagunenstadt einfangen – und somit ihre wunderschöne Atmosphäre. Trotz seiner freien Interpretation der Ansichten gehören zu seinen Merkmalen die perfekte Kontrolle beim Zeichnen und die virtuose Auswahl des Lichtes und der Farbtöne.

Vom Erfolg des venezianischen Vedutenmalers profitierten andere Künstler und viele Nachahmer. Sein Neffe Bernardo Bellotto war dem berühmten Onkel beim Malen so ähnlich, dass er später sogar den Künstlernamen »Canaletto« verwendete.

Ein wichtiger Künstler dieses Genres ist auch Francesco Guardi (1712–1793): Fast unbekannt ist das Leben dieses venezianischen Malers, der durch seine Ansichten der Lagunenstadt bekannt wurde. Obwohl er am Anfang in Canalettos Fußstapfen trat, entwickelte er mit der Zeit einen persönlichen und originellen Stil, denn er spielte mit Licht und Farben, woraus eine neue Leichtigkeit und Wärme entstand. Mit der Zeit hielt er sich immer weniger an die Topografie des Ortes, den er malen

Fantasie oder Wirklichkeit? Der Canal di Cannaregio, gemalt von Guardi

Der Eingang zum Arsenale, wie Canaletto ihn auf Leinwand bannte

wollte. Auf diese Weise entstanden malerische Zusammenstellungen sowohl reeller als auch erfundener Architekturen und Landschaften, die man in der Kunst Capricci nennt, wo die fantasievolle und nicht mehr die wahrhafte Gestaltung der Vedute zum Ziel wurde: »Capriccio« bedeutet Laune.

Der Vedutenmaler Canaletto (1697–1768)

Giovanni Antonio Canal, genannt Canaletto, wurde 1697 in Venedig geboren. In der Werkstatt seines Vaters, der Bühnenbildner fürs Theater war, lernte er die Malerei kennen. Nach einem Aufenthalt in Rom im Jahre 1719 kam er in die Lagunenstadt zurück und malte zwischen 1719 und 1723 vier monumentale Veduten (»Piazza San Marco«, »Il Canal Grande da San Vio«, »Il Canal Grande verso Sant'Angelo« und »Rio dei Mendicanti«), die zu seinen Meisterwerken zählen. Vor allem die Engländer waren von seiner Kunst fasziniert. Sie kannten ihn durch den britischen Konsul Venedigs, Joseph Smith: Er war Sammler und Mäzen, Förderer und Agent Canalettos in London und veranstaltete verschiedene Ausstellungen im Palazzo Smith Mangilli Valmarana mit dessen Werken – 1762 verkaufte der britische Konsul König George III. seine Sammlung mit fast 150 Zeichnungen Canalettos!
Der Erfolg Canalettos bei den englischen Kunstliebhabern schien ab 1730 unaufhaltsam. Wegen des Österreichischen Erbfolgekriegs 1740 kamen aber immer weniger Engländer in die Lagunenstadt, deswegen begab sich Canaletto 1746 nach England, in der Hoffnung, einen guten Markt für seine Werke zu finden, aber der Aufenthalt in England entsprach nicht seinen Erwartungen. Nach rund zehn Jahren kehrte er in seine Heimatstadt zurück, wo er 1768 verstarb.

»San Marco« – im Namen der Rose

Am 25. April feiert die Lagunenstadt gleich dreifach: den Stadtpatron Markus, die Befreiung Italiens vom Faschismus und nicht zuletzt die ewige Liebe.

Reges Treiben herrscht auf den »campi«, in den »calli« und den Blumenläden Venedigs: rote Rosen überall. Was es damit auf sich hat? »Heute ist San Marco!«, erklärt ein Herr mit einer Rose in der Hand und fügt lächelnd hinzu: »Und das Fest der Rosenknospe«.

Venezianer feiern gerne, wenn es um ihre geliebte Stadt geht. Sie machen es mit großartigen Festen, wie bei der Festa del Redentore oder della Salute. Am Markus-Tag haben sie sogar drei Anlässe, um zu feiern! Am 25. April zelebriert Venedig hauptsächlich seinen Stadtpatron, den heiligen Markus, der genau am 25. April 68 n. Chr. verstarb. Der Vorname Marco ist in Venedig so populär, dass im venezianischen Jargon unter den jüngeren Leuten »un marco« Synonym für einen bestimmten Typ ist. Der Patriarch Venedigs hält an diesem Tag am Vormittag eine feierliche Prozession in der Basilica di San Marco in Anwesenheit der wichtigsten Zivilbehörden der Stadt und vieler Gläubiger und später die Vesper.

An Festtagen wird besonders deutlich, wie sehr die Venezianer sich mit ihrer Stadt und deren Geschichte identifizieren

Da am 25. April in ganz Italien die Befreiung vom Faschismus und das Ende des Zweiten Weltkriegs gefeiert werden, hat Venedig entschieden, den gesetzlich

vorgesehenen Feiertag für den Stadtpatron am 21. November nachzuholen: Anlass dafür ist das Fest Madonna della Salute. An diesem Tag bleiben dann – wie üblicherweise in ganz Italien, wenn eine Stadt ihren Schutzpatron feiert – alle Büros, Schulen und die meisten Läden geschlossen.

Rote Rosen als Symbol ewiger Liebe: Am 25. April wimmelt es davon in Venedig

Wundern sollte man sich nicht, wenn man am 25. April Männer mit einer roten Rosenknospe in der Lagunenstadt trifft, denn es geht um die Tradition des »bocolo« (im lokalen Dialekt Rosenknospe). Ob Alt oder Jung, Männer schenken am Markus-Tag ihren Frauen, Verlobten und Geliebten eine rote Rosenknospe. Ist eine Frau zu dieser Zeit nicht liiert, übernimmt ihr Vater, ihr Bruder, ein Verwandter oder einfach ein Freund die Rolle des Schenkenden. Die schöne Geste allen Venezianerinnen gegenüber ist eine so tief verankerte Tradition, dass 2014 Tausende Venezianer am 25. April auf der Piazza San Marco eine riesige rote Rosenknospe bildeten, um zu betonen, dass Venedig eine lebendige Stadt und kein Museum ist. Die Legende geht auf die Zeit des Dogen Angelo Partecipazio im 9. Jh. zurück. Seine Tochter Maria (auch Vulcana genannt) verliebte sich in den armen Tancredi. Um die Gunst ihres Vaters zu gewinnen, der gegen diese Beziehung war, überzeugte sie den Geliebten, im Heer von Karl dem Großen gegen die Mauren zu kämpfen. Tancredi reiste ab und wurde tatsächlich wegen seiner Heldentaten berühmt. Eines Tages kamen aber Ritter nach Venedig, um Maria die traurige Nachricht zu übermitteln, dass Tancredi gefallen war. Bevor er verstarb, hatte er eine rote Rose gepflückt und den Freund Roland darum gebeten, sie Maria zu bringen. Maria verstummte vor Schmerz und wurde am darauf folgenden Tag, dem 25. April, tot mit der roten Rose auf dem Herzen gefunden. Deswegen schenken die Venezianer ihren Geliebten am Markus-Tag eine rote Rosenknospe als Symbol ewiger Liebe.

Aktuelle Informationen über die Veranstaltungen am 25. April findet man unter *www.veneziaunica.it*.

Venedig um 1650: Der Niedergang der mächtigen Seerepublik zeichnet sich bereits ab

Segen und Fluch der Lagunenstadt

In 1100 Jahren herrschten 120 Dogen in der Lagunenstadt: Einige trugen zum glorreichen Aufstieg der Seerepublik bei, andere konnten ihren Niedergang nicht stoppen und sie auch nicht vor den Pestepidemien schützen. Heute versucht Venedig, den Ansturm der Touristen zu regulieren.

DIE ZEIT DER DOGEN

697 *Der Legende nach wird Paoluccio Anafesto von zwölf venezianischen Familien zum ersten Dogen gewählt.*

Keine andere Figur hat die Geschichte der Republik Serenissima so geprägt wie die des Dogen (S. 74): Zwischen 697 und 1797 lenkte sie die Geschicke der Stadt. Der Name »doge« stammt von dem lateinischen Wort »dux« ab, das bei den Römern als Bezeichnung für den Befehlshaber eines großen Truppenteils verwendet wurde. Im 7. Jh. gehörten die Inseln Venedigs zum Verwaltungsbereich des byzantinischen Exarchen Ravennas: Erst mit der Schwächung des byzantinischen Einflusses in der Region gewann die Rolle des vom venezianischen Adel und Klerus gewählten Dogen und dementsprechend der Republik an Bedeutung. Der

Doge war das Staatsoberhaupt der Republik und übte sowohl militärische als auch richterliche Funktionen aus. Um die Bildung von Dynastien auszuschließen, wurden erst der Große Rat und später der Rat der Zehn als Kontrollorgane der Republik an seine Seite gestellt.

Gut behütet
Der Doge trug einen Hut in der Form eines Horns, den »corno«. Er wurde aus verschiedenen Stoffen gefertigt und mit Edelsteinen verziert.

DIE REPUBLIK SERENISSIMA

Die Republik Venedig, auch Serenissima oder Löwenrepublik genannt, expandierte und baute ihre Macht im Laufe der Jahrhunderte aus. Die Handels- und Seemacht verdankte ihre Macht im östlichen Mittelmeerraum der Lage zwischen dem Byzantinischen und dem Heiligen Römischen Reich. Und genau diese Beziehungen zu Byzanz wurden zur Schicksalsfrage Venedigs. Die Handelsexpansion der Republik im Orient hatte schon im 10. Jh. angefangen, als Venedig wichtige Stützpunkte an den orientalischen Adria-Küstengebieten besaß. Selbst in Konstantinopel gab es eine starke venezianische Kolonie, wo im 12. Jh. rund 10 000 Venezianer lebten. 1202 segnete der 95-jährige, schon erblindete Doge Enrico Dandolo die venezianischen Truppen des Vierten Kreuzzuges. Bevor er sie aber nach Jerusalem führte, eroberte er Zara (Zadar), dessen holzreiche Umgebung für die venezianische Flotte sehr wichtig war, und 1204 auch Konstantinopel: Die Fahne mit dem Markuslöwen, dem Symbol Venedigs, wehte damals auch über vielen Inseln der Ägäis. Mit der Eroberung Konstantinopels entstand ein echtes Kolonialreich. Ebenso entscheidend für den Ausbau der venezianischen See- und Handelsmacht wurde der Sieg über die Flotte der rivalisierenden Seerepublik Genua und 1381 die konsequente Anerkennung der venezianischen Herrschaft im östlichen Mittelmeer.

1204 *Nach der Plünderung Byzanz' brachten Kreuzritter 1204 die vier bronzenen Pferde nach Venedig, die heute im Museum der Markus-Basilika zu bewundern sind.*

1577–1630 *Während der Pestilenzen der Jahre 1577 und 1630 wurde spezielle Arztkleidung eingesetzt.*

1630 *Zwischen Juli und Oktober 1630 starben 150 000 Venezianer. Angeblich brachte der Botschafter Carlo I. Gonzaga die Pest in die Lagunenstadt.*

DER KAMPF GEGEN DIE PEST

Zwanzigmal suchte die Pest die Lagunenstadt heim: Meist kam sie mit den Handelsschiffen nach Venedig. Zum ersten Mal hielt der »Schwarze Tod« 1348 Einzug, eingeschleppt aus Dalmatien. Es gab etliche weitere Epidemien in der Folgezeit, sodass die Regierung der Republik Serenissima, die es sich erlauben konnte, auf ein Handelsgeschäft zu verzichten, strenge Gegenmaßnahmen anordnete: Menschen aus verpesteten Gebieten wurde es beispielsweise untersagt, die Stadt zu betreten. Darüber hinaus wurden 1423 und 1468 zwei Lazarette eröffnet. Es waren für die Zeit ganz moderne, staatliche Einrichtungen, die immer in Betrieb waren. Neben der Einführung strikter Hygienevorschriften wurde auch die weltweit erste Quarantänestation hier gegründet. Die Ärzte trugen vor allem während der Pest von 1630 eine besondere Kleidung, die aus einer Maske, schützenden Brillen, langen Handschuhen und einer Wachstunika bestand. Um Decken und Kleider der Erkrankten zu heben, verwendeten sie einen speziellen Stab. Eigentlich war Venedig im 17. Jh. bestens auf die Pest vorbereitet, dennoch kam es zur Katastrophe:1630 starben fast 40 % der Bevölkerung!

DER ANSCHLUSS VENEDIGS AN DAS KÖNIGREICH ITALIEN

1866 schloss sich Venedig mit der Region Venetien dem italienischen Königreich an, das bereits im März 1861 in Turin unter König Viktor Emanuel II. ausgerufen

Gedenken an das Ende der Pest 1630 an der Salute-Kirche

worden war. Die Lagunenstadt wurde erst am 19. Oktober 1866 von der österreichischen Herrschaft befreit. Der Anschluss an das italienische Königreich erfolgte per Volksentscheid, der am 21. und 22. Oktober jenes Jahres stattfand. Nur 0,01% der Wähler stimmten gegen die italienische Monarchie. Der König wurde am 7. November 1866 in dem mit unzähligen Kokarden in den Trikolore-Farben geschmückten Venedig feierlich empfangen und sechs Tage lang gefeiert. Die Geschichte der Republik Serenissima war damit definitiv beendet, der Beliebtheit der Lagunenstadt tat das aber keinen Abbruch.

Ein Volksentscheid besiegelte den Anschluss Venedigs an das Königreich Italien

Am Puls der Zeit

Die Kampagne EnjoyRespectVenezia

Staus auf den Brücken und in den Calli, eine überfüllte Piazza San Marco und ewige Schlangen vor den Sehenswürdigkeiten der Lagunenstadt: Die hohen Besucherzahlen beschäftigen Venedig und die Venezianer seit geraumer Zeit und bringen die Stadt ab und zu an ihre absoluten Grenzen. Keiner möchte Venedig so erleben, weder die Einheimischen noch die Touristen. Für Touristen und Venezianer ähneln diese Tage einem Überlebenskampf. Deswegen hat die Stadt Venedig 2017 die Kampagne EnjoyRespect Venezia (S. 181) gestartet. Im Rahmen dieser Kampagne wird täglich ein »Bollettino del Turista« in den sozialen Medien veröffentlicht, in dem der Touristenstrom für die folgenden Tage eingeschätzt wird. In den Zeiträumen mit erwartet hohen Besucherströmen verabschiedet die Stadt stufenweise außerordentliche Maßnahmen zum Umgang mit den Touristen und deren Steuerung in der Stadt, z. B. durch Fußgängerumleitungen. Empfohlen wird es, Venedig an Tagen zu besuchen, die nicht von diesen außergewöhnlichen Maßnahmen betroffen sind. Darüber hinaus wird noch einmal explizit aufgeführt, was in Venedig nicht erlaubt ist und welche Möglichkeiten es gibt, den Aufenthalt verantwortungsbewusst und nachhaltig zu gestalten. Infos unter *www.comune.venezia.it/it/EnjoyRespectVenezia*.

Das Herzstück der Seerepublik

In der Blütezeit der Seerepublik wurden hier die Schiffe Venedigs gebaut und repariert: Das Arsenale war die eigentliche treibende Kraft der Handels- und Seemacht Serenissima. Zu Spitzenzeiten arbeiteten in der Werft bis zu 16 000 Menschen.

Es riecht nach Pech und Holz, und es ist laut im Arsenale, unablässig wird gehämmert und gesägt. Der Schweiß läuft den Arbeitern von der Stirn, aber es wird weiter gearbeitet, denn das Schiff muss pünktlich fertig sein. Man schreibt das Jahr 1570, und ein Jahr später gewinnt Venedig die Seeschlacht von Lepanto gegen die Ottomanen, auch dank der Arbeit der »arsenalotti«.
Im Arsenale, der einstigen Schiffswerft Venedigs, wurden in der Glanzzeit der Republik Serenissima die Flotte und die Handelsschiffe Venedigs gebaut und ausgebessert. Das Herzstück der Seemacht wurde um 1104 am östlichen Rand der Stadt auf den zwei Inseln Gemelle gegründet. Am Anfang sah das Areal wie ein einfacher »squero« (venez. für Werft) aus, aber schnell vergrößerte es sich zwischen den Kanälen von San Francesco della Vigna, San Martino, La Tana und San Pietro di Castello.

Der erste Ausbau begann 1304 mit dem Gebäude von La Tana, wo man die Seile und Trossen für die Schiffe herstellte: Heute heißt das 317 m lange und 21 m breite

Während der Biennale gelangt man in das ansonsten streng bewachte Arsenale

Gebäude »Le Corderie« und dient seit 1980 als Ausstellungsraum für die Biennale. Mehrmals abgebrannt, wurde »Le Corderie« zwischen 1579 und 1583 unter der Leitung des Architekten Antonio da Ponte (S. 88) neu erbaut, der auch die Rialto-Brücke entwarf.

Das Arsenale (S. 128) war in der Blütezeit der Serenissima europaweit eine der ersten Produktionsstraßen. Wie am Fließband arbeiteten die »arsenalotti« und konnten so schnell die langen venezianischen Schiffe bauen und ausstatten. Viele verschiedene Männerberufe gab es damals hier – die Frauen waren für die Segel und deren Wartung zuständig – und es fehlte in den »Corderie« nicht an Lehrlingen.

Ein Holzschnitt aus dem Jahr 1490 zeigt das Arsenale

Da die »arsenalotti« die Stützen der Seemacht waren, genossen sie einige Privilegien und wurden zu einer Art »Aristokratie« unter den Arbeitern. Nicht zufälligerweise verdankt man ihnen die Herstellung der wunderschönen Decke im Großen Saal (Sala del Maggior Consiglio, S. 76) des Dogenpalastes. Die »arsenalotti« lebten rund um das Arsenale, wo auch Gebäude für alle damit verbundenen Aktivitäten, wie Öfen, Lager und Werkstätten verschiedener Handwerker, existierten.

Das Arsenale war damals so wichtig, dass selbst Dante Alighieri es in seinem Werk »Die göttliche Komödie« (Inferno, XXI, 7-21) beschreibt: »Wie in dem Arsenal der Venezianer im Winter siedet das zähflüßge Pech, womit die ihre lecken Kähne dichten ...« Die drei Terzinen sind heute links am Haupteingang des Arsenale an einer Gedenktafel zu lesen, während rechts am Hauptportal eine Büste an den großen italienischen Dichter erinnert, der die Stadt 1231 besuchte.

Einige Gebäude im Areal des Arsenale kann man während der Biennale besuchen, denn hier werden auch Pavillons der Ausstellung (S. 131) untergebracht. Das Ticket für das Museo Storico Navale (S. 129) ermöglicht auch den Besuch des Padiglione delle Navi im Arsenale.

Rio della Tana Castello 2162 c, in der Nähe der Arsenale-Brücke, www.visitmuve.it, Vaporetto-Station: Arsenale, tgl. 10.30–18 Uhr, 10 €, erm. 7,50 €

Eine Pionierin der Wissenschaft

Die erste Frau weltweit, die einen Doktortitel erhielt, war eine Venezianerin: Elena Lucrezia Cornaro Piscopia. Die Schamlosigkeit der damaligen venezianischern Gesellschaft verachtend, widmete sie ihr kurzes Leben den Wissenschaften. Gegen den Widerstand der damaligen Gelehrtenwelt!

DAS WUNDERKIND

Am 25. Juni 1678 promovierte Elena Lucrezia Cornaro (auch Corner genannt) Piscopia in Padua zu einem philosophischen Thema aus der aristotelischen Logik. Mit nur 32 Jahren erhielt sie als weltweit erste Frau einen Doktortitel. Als fünftes von sieben Kindern wurde Elena Lucrezia 1646 in Venedig geboren. Sie war die Tochter von Giambattista Corner, dem Prokurator von San Marco und Mitglied einer der wichtigsten Adelsfamilien der Stadt, und Zanetta Boni. Bereits als Kind zeigte sie außergewöhnliche Fähigkeiten: Das Wunderkind wurde vor allem von ihrem Vater und dem Familienfreund Giovanni Battista Fabris, Theologe und Pfarrer von San Luca, gefördert. Sie erhielt Unterricht in den klassischen Sprachen Latein und Altgriechisch, sie sprach zudem Französisch, Spanisch, Hebräisch und Arabisch.

Ihr Interesse aber galt vor allem der Mathematik, Theologie und Philosophie. Trotz der großen Anerkennung, die Elena Lucrezia für einen

Piscopia – die erste Frau weltweit, die einen Doktortitel trug

hervorragenden öffentlichen wissenschaftlichen Disput an der Universität in Padua 1677 bekam, und dem Versuch ihres Vaters, ihr den Doktortitel in Theologie zu verschaffen: Das theologische Kollegium der Universität lehnte ihre Bitte ab. Die Zeit war noch nicht reif für eine Theologin. Und da der Doktortitel die Lehrberechtigung mit einschloss, war er für Frauen ausgeschlossen. Ihr Vater erzielte aber einen Kompromiss: Elena Lucrezia erhielt die Erlaubnis, in Philosophie zu promovieren – jedoch ohne lehren zu dürfen. 1678 wurde sie in der Universität Padua feierlich zur »magistra et doctrix in philosophia« erklärt. 1684 starb sie, im Alter von nur 38 Jahren, an Tuberkulose.

VENEDIG UND DIE FRAUEN

Gleichberechtigung war in Venedig bereits vor Jahrhunderten ein Begriff: 1592 schrieb Moderata Fonte »Das Verdienst der Frauen«, in dem die Venezianerin auf bescheidene Art erklärt, warum Frauen nicht weniger würdig und vollkommen seien als Männer. Bei einem Streitgespräch unter sieben Frauen geht es im Buch der Autorin, Frau eines Anwalts und mehrfache Mutter, um den Wert der Frauen und der Männer und die damals fehlende Gleichberechtigung. Auch die Autorin hatte überwiegend die traditionelle Rolle einer Frau inne und konnte nach der Geburt ihrer Kinder nur sporadisch schreiben. Später zählte dann Elena Lucrezia Cornaro zu den besten Beispielen talentierter Frauen, die in der Lagunenstadt von vielen Zeitgenossen anerkannt und gefördert wurden. Und sie war wahrlich nicht die einzige berühmte Frau in Venedig. Man denke etwa an die Liebesgedichte der Schriftstellerin Gaspara Stampa (1523–1554), an die Sopranistin und Komponistin des Barocks Barbara Strozzi (1619–1677) oder an die entzückenden Pastellbilder der Rokoko-Malerin Rosalba Carriera (1675–1757).

Erinnerungen an Elena Lucrezia Cornaro Piscopia

Eine Gedenktafel an der Wand des Palazzo Ca' Loredan (Calle del Carbon), wo Elena Lucrezia Cornaro zur Welt kam, erinnert an die promovierte Philosophin. In Mestre hat ihr der Streetart-Künstler Zed1 (Marco Buressi) eine große Wandmalerei in der Via Costa im Stadtteil Altobello gewidmet.

Unzählige Holzpfähle bilden das Fundament der Palazzi an den Kanälen

Venedig – auf Pfählen gegründet

Die Baumeister mussten erfinderisch sein, um in der schlickigen Lagune Häuser und Kirchen zu errichten. Entstanden ist eine fabelhafte Stadt, immer wieder dem Untergang geweiht – und dennoch bis heute so wunderbar existent.

EIN KOMPLEXES FUNDAMENT

Eine sumpfige, malariaverseuchte Lagune mit rund 150 Inseln, zwischen denen sich zahlreiche Kanäle erstrecken und die durch Brücken miteinander verbunden sind: Das sind schwierige und komplizierte Voraussetzungen, um eine Stadt zu erbauen. Doch die Baumeister Venedigs dachten sich bereits vor Jahrhunderten spezielle Bautechniken aus und entschieden sich für eine schichtweise Baumethode – und das mit Erfolg!

Ein großer Teil der Stadt wurde auf unzähligen Eichen-, Lärchen- und Ulmenpfählen gebaut: Dicht nebeneinander wurden sie 7,5 m tief in den schlammigen Boden der Lagune gerammt – positioniert an den Kanalseiten, als Basis der äußeren Mauern der Gebäude oder aber wie eine Grundplatte. So steckten die Pfähle im festen Lehmboden der Lagune, dem »caranto«. Für diese stabile, doch flexible Basis verwendete man die Stämme von Bäumen aus dem benachbarten Istrien und aus Norditalien: Vor allem aus der Bergregion Cadore in Venetien wurden sie in die Lagune geflößt. Auf diese Pfähle legte man eine Holzplatte (»zatterone« genannt), wodurch ein robuster Holz-Schlamm-Block entstand. Wichtig war, dass sich das Holz komplett unter Wasser befand, denn gerät es mit Sauerstoff in Kontakt, verwittert es. Eine schmale Schicht einfacher Backsteine befestigte die zweite Schicht, darauf wiederum wurde ein höheres Fundament aus Pietra d'Istria, einer feuchtigkeitsresistenten und extrem wasserdichten Marmorart, aufgebracht. Auf diesem unterirdischen Unterbau ruhten endlich die Grundmauern. Diese Methode war unglaublich effektiv, die meisten venezianischen Gebäude existieren bereits seit Jahrhunderten und sind grundsätzlich sehr robust. Ein Beweis für die Widerstandsfähigkeit dieser Bauweise bot der eingestürzte Campanile (S. 69) auf der Piazza San Marco. Als 1903 das Fundament des Glockenturms freigelegt wurde, mussten die Ingenieure feststellen, dass nicht dort der Grund für den Einsturz lag, denn die alten Holzpfähle waren noch in perfektem Zustand. Da sie aber nur ein bestimmtes Gewicht tragen können, wurde das Fundament fast um das Doppelte erweitert. Fortan musste jeder Pfahl nur 4 kg pro cm^2 und nicht mehr 9 kg tragen.

Die »briccole«, die langen Eichenpfähle, zeigen den Wasserstand an

Der Grund der Lagune

Der Lagunengrund in Venedig steht auf unterschiedlichen Schichten. Ganz unten findet man das »caranto«, ein komprimiertes Agglomerat aus Lehm und Sand, typisch für die venezianische Lagune. Es ist sehr fest und wasserdicht und bietet sich daher als stabiler Baugrund an. Darauf liegen Sand und Lehm und dann jede Art Abfall und Reste, die sich mit der Zeit in den Kanälen ansammeln und regelmäßig entfernt werden müssen, weil die Kanäle sonst verschlammen.

RECYCLING ALLA VENEZIANA

Diese Baumethode war zeitaufwendig und teuer, deswegen verwendete man bei jedem »Neubau« wieder die schon benutzten, wertvollen Materialien – vor allem das Holz und den Marmor. Eine sehr moderne und gleichzeitig nachhaltige Einstellung! Dabei blieb das Fundament normalerweise erhalten: Das ist der Grund, warum die Stadt in ihrer Grundstruktur im Wesentlichen wie im 15. Jh. aussieht. Die Wiederverwertung verschiedenster Materialien und Bauelemente, wie Kapitelle, Fenster, Architrave, Gesimse oder Säulen, erklärt auch, warum die venezianischen Gebäude in ihrem Aussehen nie hundertprozentig einem Stil zugeordnet werden können. Gerade das aber macht den Charme der Architektur dieser Stadt aus! Perfekt und gerade sind die Bauten in der Lagunenstadt indes nicht: Das ist besonders auffällig bei verschiedenen Glockentürmen, die wegen des sich unterschiedlich absenkenden Lagunengrunds meist leicht (bis sehr) schief stehen.

Noch heute schmücken zahlreiche Brunnen, wie hier am Campo San Boldo, Venedigs Plätze

WASSER ZUM LEBEN

Um die Venezianer mit frischem und sauberem Wasser zu versorgen, baute man in der ganzen Stadt Brunnen. Der »pozzo veneziano« war ein zum Großteil unterirdisches Konstrukt, das aus einer wasserdichten und mit Sand ausgekleideten Zisterne bestand. Dafür musste man 5–6 m tief graben. Das in dem »campo« angesammelte Regenwasser leitete man durch ein Leitungssystem in die Zisterne: In der Nähe jedes Brunnens gibt es vier Gullys aus Stein, normalerweise aus Pietra d'Istria – manchmal lagen sie ein paar Zentimeter höher als der Fußboden des Platzes, um sie vor dem Hochwasser zu schützen. Dank der idealen Neigung des Fußbodens floss das Regenwasser in die vier Gullys und somit in die Zisterne, die unten mit Sand gefüllt war, um das Regenwasser zu filtern. Den oberen, sichtbaren Teil des Brunnens nannte man »vera di pozzo«, er bestand ebenfalls oft aus Pietra d'Istria und war mit Dekoren und Flachreliefs verziert.

Die komplexe Baustruktur des »pozzo veneziano« brauchte viel Platz an der Oberfläche, deswegen be-

Wer wie die Venezianer am oder auf dem Wasser lebt, muss mitunter erfinderisch sein

finden sich die meisten Brunnen in der Lagunenstadt inmitten von »campi« und größeren »campielli«. Brunnen sind auch in den Innenhöfen von Palästen zu finden, wie im Dogenpalast – sogar auf dem Markus-Platz hat man die Lage eines heute nicht mehr existierenden Brunnens erkannt. Aus Sicherheitsgründen wurden die nicht mehr verwendeten Brunnen mit einem dicken Deckel aus Metall oder Zement geschlossen. 1858 zählte die Stadtverwaltung Venedigs insgesamt knapp 7000 Brunnen. Heute sind es noch ungefähr 600 Brunnen, die aber nicht mehr in Betrieb sind.

Venedig – älter als gedacht?

Einer Legende zufolge wird die Geburt der Lagunenstadt auf das Jahr 421 datiert – dem Bau der Kirche San Giacomo di Rialto (S. 89). In Wirklichkeit ist die Kirche wesentlich später, im 12. Jh., errichtet worden. Ein exaktes Gründungsdatum Venedigs gibt es nicht, meist wird das 9. Jh. genannt, als die Basilica di San Marco (S. 73) gebaut wurde.
Eine sensationelle Nachricht kursierte Anfang 2018 unter Forschern: Archäologen der US-amerikanischen Colgate University von Hamilton hätten zwei Pfirsichkerne unter dem Mosaikboden der Basilika von San Marco in ungefähr 4 m Tiefe entdeckt, die nach der Kohlestoffdatierung aus einer Zeit zwischen 650 und 770 n. Chr. stammen. Die Ergebnisse dieser Entdeckung werden auch durch den Fund einiger Keramikstücke und Metallfragmente aus der gleichen Epoche bestätigt. Das könnte bedeuten, dass Venedig knapp 200 Jahre älter ist als bislang angenommen.

Auf dem richtigen Dampfer

Die Basilica di San Marco, der Campanile, die Rialto-Brücke oder die Gondel? Welches ist das Symbol der Lagunenstadt? Für viele Venezianer und Touristen ist das einzig echte Wahrzeichen Venedigs das Vaporetto.

DAS »DAMPFSCHIFFCHEN« AUF DEM WEG IN DIE ZUKUNFT

Manchmal tuckert und röchelt es, wenn es sich der Haltestelle nähert; ist die Lagune sehr bewegt, bricht es die Wellen, und dabei kann es passieren, dass die Gäste, die oben stehen, ein bisschen Wasser abbekommen. Das Vaporetto ist Venedigs wichtigstes Verkehrsmittel. Wenn der Nebel die Stadt lähmt, fährt der Wasserbus nur auf dem Canal Grande, und die Verbindungen mit den Inseln, auch mit Giudecca, werden eingestellt. Die überdachte und mit Sitzplätzen ausgestattete Vaporetto-Haltestelle heißt hier »imbarcadero«: Je nach Seegang schwankt sie mal mehr, mal weniger.
Das öffentliche venezianische Verkehrsmittel verbindet die verschiedenen Stadtteile der Stadt und die kleineren Inseln der Lagune. Im Einsatz ist es seit 1881, als das erste Dampfschiffchen – das bedeutet Vaporetto wortwört-

Sie sollen künftig umweltfreundlicher werden: die Vaporetti

lich – in Venedig vom Stapel lief. Mit der »Regina Margherita«, zu Ehren der italienischen Königin so benannt, begann das öffentliche Verkehrsmittel durch und außen um die Stadt herumzufahren sowie in die offene Lagune.

Obwohl das Vaporetto schon längst nicht mehr durch Dampf, sondern mit Diesel angetrieben wird, hat dieser Wasserbus seinen alten Namen behalten – die Einheimischen nennen ihn »batèo« (auf Italienisch »battello«, d.h. Dampfer). Knapp 24 m lang und ungefähr 4 m breit, fährt das typische Vaporetto bis zu 210 Passagiere am Stück durch Venedig. Zwei Vaporetto-Linien, die eins und zwei, verkehren in beide Richtungen (Centro Città), andere nur in einer Art Kreisverkehr (Giracittà) bis Murano. Es gibt die Lagunenlinien (Lagunari), welche die Stadt mit den Inseln der Lagune verbinden, und einige saisonale Linien (Stagionali) in der Sommerzeit. Die Nummer 1 ist vielleicht die meistgenutzte Vaporetto-Linie, nicht nur weil sie auf dem Canal Grande (S. 66) verkehrt und somit eine Panoramafahrt im Herzen der Stadt anbietet, sondern auch weil diese Linie abwechselnd an beiden Kanalufern hält.

Schwimmende Pontons bilden die Haltestellen für die Vaporetti

Eine Erneuerung der Flotte ist für die nächsten Jahre geplant: Die alten Vaporetti werden in Rente gehen und durch Hybridmodelle ersetzt. Um das unentbehrliche Verkehrsmittel nachhaltiger und umweltfreundlicher zu gestalten, wurde zwischen April und Oktober 2018 ein Experiment durchgeführt: Die Wasserbusse Venedigs verwendeten statt Diesel einen Treibstoff, der auch gebrauchtes Speiseöl enthielt: Der »ENI Diesel+« ist ein Treibstoff mit einem 15-prozentigen, durch recyceltes Pflanzenöl aus der Gastronomie und aus den Haushalten gewonnenen Bio-Anteil.

Unterwegs mit dem Wasserbus – Tipps und Infos

Alle Informationen über die Vaporetto-Linien, den aktuellen Fahrplan, Kosten und Angebote findet man unter *www.avm.avmspa.it* (servizi di mobilità, vaporetto), auch in englischer Sprache, oder unter *www.veneziaunica.it* (City Pass, öffentliche Verkehrsmittel) in deutscher Sprache.

Dolomiten, Weinberge und mittelalterliche Städtchen

Von Bozen geht es durch die grandiose Bergwelt der Dolomiten ins liebliche Veneto, das für seine Kulturstädte, die Adria-Küste und hervorragende Weine berühmt ist. Auf dem Weg Richtung Lagunenstadt passiert man nicht nur atemberaubende Landschaften, urige Dörfer und mondäne Städte, sondern genießt auch die hervorragende Küche der Region. Eine gemächliche, genussvolle Anreise nach Venedig.

Die Tour auf einen Blick

Startpunkt: Bozen **Ziel:** Venedig
Gesamtlänge: 365 km
Reine Fahrtzeit: 8 Std. (2–3 Tage)
Orte entlang der Route: Bozen – Sankt Ulrich – St. Christina in Gröden – Wolkenstein – Corvara – Cortina d'Ampezzo – Alleghe – Belluno – Vittorio Veneto – Follina – Valdobbiadene – San Pietro di Feletto – Conegliano – Treviso – Venedig

E1 VON BOZEN NACH ST. ULRICH IN GRÖDEN (36 km/¾ Std.)

Mediterranes Flair, köstlicher Apfelstrudel und ein Besuch bei Ötzi – anschließend geht es von Bozen aus in Richtung Dolomiten

Abstecher
In Bozen gelangt man mit der Seilbahn in wenigen Minuten auf das sonnige Hochplateau Ritten (www.ritten.com).

Gerade noch Nieselregen – und plötzlich klart es auf, der Himmel zeigt sich azurblau, die Sonne lacht! Wir drehen die Autoscheiben runter. Ja, man spürt die warme Luft, die Temperaturen steigen. Um die östlichen Dolomiten und das Veneto zu erreichen, verlässt man die Brenner Autobahn bei Bozen. In der Hauptstadt Südtirols ist es bereits zu spüren: das Flair des Südens. Vor allem am Walther-Platz: Im »salotto« (Wohnzimmer) Bozens treffen sich Jung und Alt, Einheimische und Touristen und genießen in den Kaffeehäusern die Sonne und das Dolce Vita. Also erstmal dazugesellen! Zumal Cappuccino und Apfelstrudel hier einfach himmlisch gut schmecken. Der anschließende Bummel unter den berühmten »Lauben« mit seinen traditionellen und modernen Geschäften ist ein Muss. Hat man noch Zeit,

ADAC Traumstraße: Etappen 1 bis 6 (Detailplan siehe Faltkarte Rückseite)

gestattet man sich einen Besuch bei Ötzi im Südtiroler Archäologiemuseum (www.iceman.it): Der Mann aus dem Eis ist über 5300 Jahre alt.

Weiter geht's! Auf der SS12 erreicht man die von Weinbergen umgebene Ortschaft Barbian im sonnigen Eisacktal, wo man die SS242 nimmt. Am Eingang nach Gröden, am östlichen Hang über der kleinen Gemeinde Waidbruck, befindet sich die Trostburg, in der der mittelalterliche Minnesänger Oswald von Wolkenstein aufwuchs. Hier freuen sich Burgenliebhaber über 86 Modelle von Südtiroler Burgen (www.burgeninstitut.com). In St. Ulrich, dem Hauptort Grödens, fasziniert das große Angebot an traditionellen Holzschnitzereien.

E2 VON ST. ULRICH NACH CORVARA

(29 km/¾ Std.)

Nun geht es hinein in die Dolomiten, laut Reinhold Messner die schönsten Berge der Welt

Nach einem Mittagspäuschen geht es weiter nach St. Christina in Gröden auf 1428 m Höhe. Die Geislergruppe, die Puezgruppe und der Monte Pana umgeben das kleine, malerische Dorf: im Sommer wie im Winter, wenn Schnee die Landschaft verzaubert, ein Paradies inmitten der Dolomiten! An der Talseite südlich des Ortes führt ein Lift in das Gebiet des Monte Pana, von wo man bis auf die Seiser Alm wandern kann. Die Straße

Zu Fuß nach Wolkenstein
Der 3,5 km lange Grödner Bahnweg ab St. Christina verläuft teilweise auf der ehemaligen Bahntrasse, der »Ferata de Gherdëina«.

Malerisch erstreckt sich St. Christina in Gröden vor den Dolomiten

schlängelt sich bis nach Wolkenstein, dem höchstgelegenen Dorf in Gröden am Fuße des Sellamassivs. Die Szenerie der Dolomiten ist am Grödner Joch in 2121 m Höhe überwältigend: Die Passstraße führt vorbei an der imposanten Felsbastion der Sellagruppe mit ihren vielen knapp 3000ern. Hier befindet man sich in der wunderbaren Berglandschaft der Dolomiten, die seit 2009 zum UNESCO-Weltnaturerbe gehören. Über die SS243 geht es dann hinunter ins ladinische Alta Badia, nach Corvara, wo das Tal sich öffnet. Hier ist dank der faszinierenden Plateaus der Gebirgsgruppen Puez, Sella und Fanes der Wow-Effekt vorprogrammiert. Es gibt noch genug Zeit, um mit der Seilbahn Col Alt zur Hochalm hinaufzufahren: In 1981 m Höhe hat man einen wunderschönen Blick auf die Stadt und auf das Massiv des Sassongher (www.altabadia.org). Später genießt man im Ort bei einem leckeren Stück Strudel den Ausblick auf das beeindruckende Massiv mit dem gleich darunter gelegenen Fünf-Sterne-Hotel Sassongher auf 1560 m Höhe.

Exquisite Küche gefällig?
Das Gourmetrestaurant La Stüa de Michil bei Corvara (www.hotel-laperla.it) bietet himmlische Gerichte an.

E3 VON CORVARA NACH CORTINA D'AMPEZZO (38 km, 1 Std.)

Die dritte Etappe führt ins mondäne Cortina d'Ampezzo, wo man ein längeres Päuschen einlegen sollte

Ausgeruht geht es am frühen Morgen weiter. Rasch passieren wir den Passo Falzarego und befinden uns schon in der Region Veneto. Cortina d'Ampezzo liegt knapp 20 km vom Pass entfernt. Man erreicht die heimliche

Hauptstadt der Dolomiten über die SR48, die in fantastischer Lage von der majestätischen Kulisse der Tofane, des Cristallo und des Pomagagnon umgeben ist. Kein Wunder, dass diese Stadt der mondänste Wintersportort Italiens und Treffpunkt der italienischen Schickeria ist! Die Flaniermeile Corso Italia lädt nicht nur zum Shoppen ein, hier lautet das Motto: sehen und gesehen werden! Nicht weniger verführerisch: die Konditorei Embassy (http://lacavecortina.com/embassy-bar-cafe), wo guter »caffè« und süße Versuchungen locken.

E4 VON CORTINA D'AMPEZZO NACH VITTORIO VENETO (127 km, 2 ½ Std.)

Kontrastprogramm: Von Cortina geht es durch authentische Dörfer und die herrliche Landschaft des Veneto

Nach der Mittagspause geht's weiter: auf der SP638 und dann auf der SR203 Richtung Süden. Vom Felsvorsprung Belvedere am Colle Santa Lucia genießt man die atemberaubende Aussicht auf das Tal Cordevole und die Berge ringsum. Die Serpentinenstraße führt nach Caprile, einem Ferienort mit alten malerischen Bauernhöfen. In Alleghe heißt es Beine vertreten! Ein schöner Spaziergang führt am kleinen See entlang: mit Blick auf das Panorama des Monte Civetta – die Nordflanke des Berges ist eine der größten Vertikalflächen der Dolomiten. Hinter Alleghe wird das Tal wieder schmaler und öffnet sich erst wieder in Cencenighe Agordino (773 m). Von hier geht es immer weiter nach Süden bis nach Agordo und weiter auf der SS203 zur Provinzhaupt-

Pistenspaß
Ein renommiertes Skigebiet liegt am Passo San Pellegrino in Falcade (www.dolomitisuperski.com).

Auf dem Weg nach Belluno passiert man Agordo

Il Ventennale
Via Martiri della Libertà 27, Tel. 0438/196 10 89

stadt Belluno. Mit einer wunderbaren Häuserfront und langen Laubengängen imponiert der »Campidel«, wie die Einheimischen den Hauptplatz Bellunos, die Piazza Martiri, liebevoll nennen. Bei schönem Wetter sitzt man an einem der Tische des Caffè Manin (www.caffemanin.it) und genießt die Kreationen der Konditorei mit Blick auf die im Hintergrund aufragenden Berge. Auch wieder so ein Ort, an dem man verweilen könnte. In Ponte nelle Alpi nimmt man dann die Autobahn, um nach Vittorio Veneto in der Provinz Treviso zu gelangen. Im Herzen des historischen Stadtteils Serravalle lädt die Piazza Flaminio ein. Umgeben von historischen Palazzi bestaunt man diesen wunderschönen Freiluftsalon. Später lockt dann die traditionsreiche Bar/Osteria Il Ventennale zum Abendessen.

E5 VON VITTORIO VENETO NACH VALDOBBIADENE (37 km/¾ Std.)

Etappe fünf bietet Badestopps und das mittelalterliche Flair italienischer Städtchen

Prickelnde Vorfreude: Heute geht es ins Prosecco-Gebiet! Auf der SP35 Richtung Revine Lago laden in der näheren Umgebung im Sommer kleine Seen zum Baden ein. Eine erste herrliche Erfrischung. Vorbei an Weingütern, Obstgärten und kleinen Dörfern gelangen wir nach Valdobbiadene ins Herz des Prosecco-Gebiets. Auf dem Weg hält man in Cison di Valmarino, einem Städtchen mit mittelalterlichem Stadtkern, das wie Follina zu den »schönsten Dörfern Italiens« zählt. Bezaubernd ist in Follina die Zisterzienserabtei Santa Maria aus dem 14. Jh. mit ihrem bemerkenswerten Kreuzgang. Vor einem Kamin oder im Sommer auf einer Terrasse werden in der Osteria dai Mazzeri (www.osteriadaimazzeri.com) in Valdobbiadene eine köstliche hausgemachte Pasta oder andere regionale Spezialitäten serviert. Man befindet sich in der Hauptstadt des berühmten Prosecco-Gebiets, wo der Prosecco Superiore DOCG hergestellt wird.

Weingüter bei Valdobbiadene

Ein herrlicher Platz für einen letzten Zwischenstopp, bevor man Venedig erreicht: der Palazzo dei Trecento in Treviso

E6 ÜBER DIE PROSECCO-STRASSE UND TREVISO NACH VENEDIG (100 km/2 Std.)

Ziel dieser spritzigen Tour durch das berühmte Prosecco-Gebiet ist die Lagunenstadt Venedig

Die Prosecco-Straße (SP32) verläuft bis nach Conegliano auf 50 km zwischen den Weinbergen. Nach einem Besuch des Weinguts Cantina Fasol Menin (www.fasolmenin.com) erreicht man über Refrontolo den Ort San Pietro di Feletto mit seiner von schönen Fresken geschmückten Pfarrkirche. In Conegliano lohnt im Dom ein Blick auf das wunderschöne Altarbild, das der berühmte Sohn der Stadt, Cima da Conegliano, 1493 schuf. Über Susegana geht es nach Treviso, der Provinzhauptstadt der Marca Trevigiana, das den Besucher mit seinen kleinen Kanälen und der raffinierten Eleganz seiner Palazzi bezaubert. Auch wenn man nicht viel Zeit hat, sollte man sich einen »caffè« unter den Arkaden des Palazzo dei Trecento gönnen. Man erreicht die Lagunenstadt schließlich auf der SS13, dem Terraglio – gestern wie heute die wichtigste Straße zwischen Treviso und Venedig.

Hotelempfehlungen:

Wenn Sie die Tour in Etappen fahren, empfehlen wir folgende Hotels:

€ | **B&B Ospitando** Kleines gemütliches B&B in Vittorio Veneto mit zwei Zimmern in einem Haus von Anfang des 20 Jh.

›› Vittorio Veneto, Via Lorenzo Da Ponte 91, Tel. 0438/18 36 20, www.bbospitando.it

€€ | **Hotel Sassongher** Am Fuße des gleichnamigen Massivs liegt in Corvara das traditionsreiche Hotel im alpinen Stil mit guten Restaurants.

›› Corvara, Sassongherstr. 45, Tel. 0471/83 60 85, www.sassongher.it

Unterwegs

Seit Jahrhunderten sind sie das Sinnbild Venedigs: die schwarzen Gondeln, die an vielen Stellen, wie hier am San-Marco-Becken, auf Kundschaft warten

Das will ich erleben

Venedig ist zweifellos ein Gesamtkunstwerk: eine Stadt auf dem Wasser, von morbidem Charme – und ganz ohne Autoverkehr. Wer sich von dem pittoresken Stadtbild losreißen kann, findet meisterhafte Kunstwerke in berühmten Museen und Sammlungen. Und typisch venezianische Küche in den authentischen Lokalen der Stadt. Am Abend locken Konzerte in stimmungsvolle Kirchen oder Palazzi – und am Tage Bootstouren zu den stillen Inseln der Lagune. Keine Sorge: Für Shopping bleibt immer noch Zeit. Unzählige Geschäfte bieten Kunst und Kitsch – und noch immer typisch Venezianisches.

Berühmte Brücken

Mehr als 400 Brücken zählt man in Venedig. Einige von ihnen sind weltberühmt, wie die Rialto-Brücke über den Canal Grande oder die Seufzerbrücke am Dogenpalast. Als beliebte Fotomotive bieten viele von ihnen auch traumhafte Ausblicke auf die Stadt.

5 Ponte dei Sospiri 77
Über die Seufzerbrücke in den Kerker
13 Ponte di Rialto 88
Wahrzeichen und Keimzelle der Stadt
34 Ponte dell'Accademia 116
Panoramablick auf die Kirche Madonna della Salute
63 Ponte della Costituzione 149
Calatravas umstrittenes modernes Bauwerk

Venedig aus der Vogelperspektive

Szenenwechsel: Wer die Stadt und die Lagune einmal von oben betrachten möchte, muss hoch hinauf! Dazu bieten einige »campanili« beste Gelegenheit. Herrliche Aussichten sind garantiert! Über die Dächer Venedigs, auf Kreuzfahrtschiffe und stellenweise bis zu den Alpen.

2 Campanile di San Marco 69
Der Dogenpalast liegt Ihnen zu Füßen (Bild links)
2 Torre dell'Orologio 72
Dachterrasse mit den zwei Mori und Panoramablick
6 San Giorgio Maggiore 77
Vom Campanile Rundblick über die Lagune
70 Campanile di Torcello 163
Die Lagune als 360-Grad-Panorama

Atemberaubende Kunstwerke

Kunstbegeisterte haben die Qual der Wahl, so zahlreich sind die Sammlungen mit Meisterwerken der Kunstgeschichte. Auch in den Palästen und Kirchen der Stadt hängen berühmte Meisterwerke.

4 Palazzo Ducale ... 75
Von überwältigender Größe: Tintorettos »Paradies«

22 Santa Maria Gloriosa dei Frari ... 95
Ein Blickfang ist Tizians berühmte »Assunta«

34 Gallerie dell'Accademia ... 115
Schatzkammer der venezianischen Malerei

39 San Pantalon ... 121
Ein meisterhaftes illusionistisches Deckengemälde

34

Geheimnisvolle Gondeln

Die Gondel ist eines der Wahrzeichen der Lagunenstadt. Ob man sich eine Fahrt mit der Gondel leisten mag, bleibt jedem selbst überlassen. Möglichkeiten, sich diesen einzigartigen Booten zu nähern, gibt es in Venedig auf jeden Fall reichlich.

24 Remi e forcole ... 97
Einen der letzten »remeri« bei der Arbeit erleben

28 Squero di San Trovaso ... 104
Dabei sein, wenn eine Gondel entsteht

45 Museo Storico Navale ... 129
Allerlei Wissenswertes rund um die Gondel

28

Barockmusik und Theater

Was wäre ein Venedig-Besuch ohne Theater und Musik? Klassische und moderne Theateraufführungen sowie Barockmusik runden den Aufenthalt in der Lagunenstadt ab. Schon am Tage werden in den Gassen die abendlichen Konzerte beworben. Tickets gibt es vor Ort und teilweise auch im Internet.

8 Gran Teatro La Fenice ... 79
Opernprogramm der Superlative

9 Chiesa di San Vidal ... 81
Grandiose Konzerte der Interpreti Veneziani

40 Santa Maria della Pietà ... 126
Vivaldi-Musik vom Feinsten

8

Spezialitäten der Lagune

Frisch gefangener Fisch und dazu buntes Gemüse aus der Lagune sind die lokalen Zutaten für traditionelle venezianische Gerichte.

9 Al Bacareto ... 81
Im Frühling gibt es »moeche«, Krabben ohne Panzer

13 Trattoria alla Madonna ... 90
Umwerfend gut: »granseola«, Große Seespinne

34 San Trovaso ... 116
Typisch venezianisch: »baccalà« mit Polenta

52 Al Portego ... 135
Das Risotto »al nero di seppia« ist kaum zu toppen

Spannende Filmkulissen

Die morbide Stimmung der Lagunenstadt ist Szenerie für romantische, dramatische und aufsehenerregende Verfilmungen: Bei einigen Filmen kann man die Drehorte sogar leicht erkennen.

1 Canal Grande ... 66
Vis-à-vis S. Angelo liegt die »Brunetti-Terrasse«

25 San Nicolò dei Mendicoli ... 102
Schauplatz in »Wenn die Gondeln Trauer tragen«

54 Campiello dei Miracoli ... 142
Hier stand der Blumenladen in »Brot und Tulpen«

64 Lido ... 154
Im Hotel des Bains wurde der »Tod in Venedig« verfilmt

Traditionelle Feste

Bei Venedigs Volksfesten spielen das Meer und die Geschichte der Stadt die Hauptrolle. Es sind bildgewaltige Szenen, die man z.B. bei der Regata Storica genießt, wenn geschmückte Boote den Canal Grande hinuntergleiten.

2 Karneval ... 73
Fantastische Masken und Kostüme

29 Festa del Redentore ... 107
Befreiung von der Pest – ein Fest auf dem Wasser

31 Festa della Salute ... 113
Prozession über eine Pontonbrücke zur Barockkirche

36 Regata Storica ... 117
Historische Bootsparade auf dem Canal Grande

Herrliche Einkaufsbummel

Masken, Spitzen und Muranoglas sind die Klassiker, aber auch Lebensmittel, Schmuck und Designobjekte gehören mittlerweile zu den typischen Mitbringseln aus Venedig. Ein Erlebnis ist der Besuch der Pescheria und des Gemüsemarktes von Rialto, wo geschäftiges Treiben herrscht.

13 Pescheria 89
Frischer Fisch aus der Lagune

31 Venetia Studium 113
Accessoires mit dem Fortuny-Muster

38 La Barca 120
Gemüse aus der Lagune vom Boot kaufen

71 Murano-Glas 164
Üppiges Angebot auf der Glasbläser-Insel

Vergnügen für die ganze Familie

Venedig mit seinen Museen, Kirchen und Palästen kann für Kids ermüdend sein – muss es aber nicht. Mit einem Eis zwischendurch, beim Workshop für Kids im Peggy-Guggenheim-Museum oder einem Badestopp auf dem Lido hält man den Nachwuchs ganz gewiss bei Laune.

27 Gelati Nico 104
Eine himmlische Auswahl an Eissorten

33 Collezione Peggy Guggenheim 114
Einführung in die Welt der Kunst beim Kids Day

64 Murazzi und Alberoni, Lido 156
Toben und Planschen in der Adria

Stille Oasen – die Laguneninseln

Wer dem steinernen Venedig für kurze Zeit entfliehen möchte, der steuert eine der Laguneninseln an. Neben Stränden findet man hier Klöster, Kirchen und Ruheorte.

67 Sant' Erasmo 161
Gemüsegarten vor den Toren der Stadt

68 San Francesco del Deserto 161
Gärten, Zypressen und ein Kloster

70 Torcello 162
Antike und Natur in perfekter Harmonie

72 San Michele 166
Weitläufige Ruhestätte der Venezianer

San Marco – pulsierendes Zentrum der Lagunenstadt

Streifzug durch das geschichtsträchtigste Stadtviertel – mit Markusdom und Dogenpalast das Hauptziel von Venedig-Besuchern

Welch ein Auftakt! Mit dem Vaporetto geht es den Canal Grande hinunter, die schönste Wasserstraße der Welt, vorbei an den Schauseiten einzigartiger Palazzi. Auf der Piazza San Marco angekommen, stockt einem der Atem vor der Schönheit des monumentalen Ensembles: Auf dem Platz, einst das Macht- und Handelszentrum der Serenissima, thront der Campanile von San Marco, der auf erstaunlich schöne Gebäude, wie die Basilica di San Marco und den Dogenpalast, blickt. Die meisten wollen danach nur noch schnell ein Foto der Seufzerbrücke und der Insel San Giorgio Maggiore machen, die sich elegant gegenüber zeigt. Doch dieser »sestiere« bewahrt viele weitere Schätze wie das Theater La Fenice oder den gotischen Palast Contarini del Bovolo. Auf dem Campo Santo Stefano erlebt man venezianischen Alltag, und im Fondaco dei Tedeschi wird der Handel, der Venedig einst reich machte, mit Luxusartikeln zelebriert.

In diesem Kapitel:

1 Canal Grande 66
2 Piazza San Marco 68
3 Basilica di San Marco 73
4 Palazzo Ducale 75
5 Ponte dei Sospiri 77
6 San Giorgio Maggiore 77
7 Santa Maria del Giglio 78
8 Gran Teatro La Fenice 79
9 Campo Santo Stefano 80
10 Palazzo Fortuny 81
11 Scala Contarini del Bovolo 82
12 Fondaco dei Tedeschi 82
Am Abend/Übernachten 84/85

ADAC Top Tipps:

1 Canal Grande
| Wasserstraße |
Die beeindruckendste Wasserstraße der Welt, der knapp 4 km lange Canal Grande, der Venedig in zwei Teile teilt, bietet zugleich ein imposantes Architekturensemble. 66

2 Basilica di San Marco
| Kathedrale |
Die prächtige Basilika mit der erstaunlichen Mischung aus westlichen und östlichen Einflüssen, ihrer zauberhaften Architektur, ihren grandiosen Mosaiken und Kunstwerken zieht jeden Besucher in den Bann. 73

3 **Palazzo Ducale**
| Palast |
Der Dogenpalast, ein Meisterwerk gotischer Baukunst, bewahrt herausragende Kunstwerke und ist das imposante ehemalige Machtzentrum der Serenissima. 75

4 **Gran Teatro La Fenice**
| Theater |
Die Raffinesse selbst der allerfeinsten Verzierungen und Dekorationen im mehrfach zerstörten und wieder aufgebauten Opernhaus ist einzigartig, ein Opernabend unvergesslich. 79

ADAC Empfehlungen:

1 **Campanile di San Marco**
| Glockenturm |
Vom riesigen Wahrzeichen der Stadt aus schweift der Blick über die Dächer der Stadt bis zu den Alpen. 69

2 **Caffè Florian**
| Kaffeehaus |
Ein Stück Geschichte der Lagunenstadt erlebt man im eleganten historischen Café mit Blick auf die Piazza und die bezaubernde Basilica di San Marco. 71

3 **Fondazione Giorgio Cini**
| Bibliothek |
In dem ehemaligen Kloster behütet die riesige Bibliothek zahlreiche Dokumente über die Kultur und Architektur der Stadt. 78

4 **Scala Contarini del Bovolo**
| Architektur |
Der beeindruckende und bizarre monumentale Treppenturm versteckt sich im Gewirr der »calli«. 82

5 **Fondaco dei Tedeschi**
| Kaufhaus |
Das einstige Wohnhaus und Zentrum der deutschen Händler ist heute ein vierstöckiger Konsumtempel mit Panorama-Dachterrasse. 82

6 **Rosticceria San Bartolomeo**
| Restaurant |
Ein guter Platz, um mittags mit Venezianern zu essen. 83

1 Canal Grande

1 *Die eindrucksvolle Lebensader der Lagunenstadt*

Laut und manchmal auch verstopft ist der Canal Grande, denn auch auf der »schönsten Wasserstraße der Welt« bilden sich durch die Vaporetti, Wassertaxis, Gondeln und Lieferboote regelmäßig Staus. Das war schon im Mittelalter so, als Frachtschiffe aus aller Welt auf dem Canal Grande unterwegs waren und deutlich mehr Gondeln als heute Menschen beförderten. Knapp 20 Vaporetto-Haltestellen und dazu sechs Gondel-Fährstationen sorgen fast rund um die Uhr für ein buntes Treiben auf dem S-förmigen Kanal, der die Stadt in zwei Hälften teilt und mit Ausnahme Castellos alle »sestieri« Venedigs streift. Der »Canalazzo«, wie die Venezianer ihre Hauptwasserstraße nennen, sichert 45 kleineren Innenkanälen, die noch heute in ihn münden, den Wasseraustausch durch Ebbe und Flut. Was den 3,8 km langen und bis zu 70 m breiten Kanal mit einer durchschnittlichen Tiefe von 4 m aber von den sonst üblichen Asphaltstraßen unterscheidet, ist nicht nur das Wasser, sondern es sind die vielen Paläste, die ihn auf seiner ganzen Länge säumen. Was man heute bei einer Fahrt mit dem Vaporetto an seinen beiden Ufern sieht, ist das Ergebnis jahrhundertelanger Bautätigkeit und ständiger Renovierungen. Einige wurden zu Filmlocations, so gleitet man z.B. vis-à-vis von S. Angelo an der Terrasse des Palazzo Barbarigo della Terrazza vorbei, auf der Commissario Brunetti und seine Frau oft zu Abend essen.

Die Entstehung des Kanals, der gewissermaßen das letzte Teilstück eines Seitenarms der Brenta ist, hatte zu Beginn praktische Gründe: Bereits vor der Zeit der alten Römer baute die lokale Bevölkerung an den Ufern des »Rivus Altus« Pfahlbauten und nutzte den natürlichen Kanal vor allem für den Salzhandel. Die Bedeutung dieser Wasserstraße wuchs im Laufe der Zeit, sodass im 9. Jh. der Doge seinen Sitz von Malamocco auf der Insel Lido nach Venedig bzw. nach Rialto am Canal Grande verlegte: Der Kanal im Herzen der Stadt war einfach besser zu verteidigen! Damals fungierte der Canal Grande als Hafenkanal für die Lagunenstadt, und die Macht der Serenissima gedieh durch den zunehmenden Handel mit dem Ausland. Aus diesem Grund wurden viele der Handelshäuser, wie das Fondaco dei Tedeschi, direkt am Kanal erbaut: In ihrer doppelten Funktion waren diese Bauten, die sogenannten Fondaci, gleichzeitig Lager und Residenz der fremden Händler. Die strategische und kommerzielle Rolle des Kanals war aber 1588 mit dem Neubau der Rialto-

ADAC *Mobil*

Bequem und unkompliziert ist man mit dem **Vaporetto** unterwegs, das die wichtigsten Wasserstraßen Venedigs bedient. Die Einzelfahrt kostet 7,50 €, im Verhältnis gesehen günstiger sind Tickets für 24, 48 bzw. 72 Stunden oder sieben Tage, die man an den Actv-Büros erhält. Die wichtigste Vaporetto-Linie ist die Linie 1, die den Canal Grande vom Bahnhof bis San Marco befährt. Mit den Linien 4.1, 4.2, 5.1, 5.2 fährt man einmal außen um Venedig herum. *www.actv.it*

Am Ende des Canal Grande erblickt man die Kuppel von Santa Maria della Salute

Brücke aus Stein zu Ende: Bis dahin existierte hier eine Zugbrücke aus Holz, die das Passieren der Schiffe ermöglichte. Danach wurde der Canal Grande zur repräsentativen, von adeligen Venezianern hochgeschätzten »Straße«. Sie ließen ihre Paläste am Kanal bauen: Je prächtiger und schöner die Fassade, desto mächtiger war die venezianische Familie. Die Namen der Paläste erinnern bis heute an sie und an bedeutende Dogen, wie etwa Dandolo, Foscari oder Pisani. Zwischen dem 15. und dem 18. Jh. wurden die Fondaci dann durch Paläste in verschiedensten architektonischen Stilen ersetzt: Von der Gotik und Renaissance bis zum Barock und Neoklassizismus, von allen Stilen ist etwas dabei. Die zwei- oder mehrbogigen Fenster und Bogengänge scheinen fast mit den Wasserreflexen Fangen zu spielen, und faszinieren Alt und Jung noch heute. Während nur fünf Kirchen und zwei ehemalige Klöster auf den Kanal blicken, schmücken ihn über 170 Paläste: Zu den berühmtesten zählen Ca' d'Oro, Ca' Dario und Ca' Foscari, Zielpunkt der berühmten Regata Storica. Nur vier Brücken überspannen den Canal: neben der berühmten Rialto-Brücke der Ponte dell'Accademia, die Scalzi-Brücke im Norden am Bahnhof und seit einigen Jahren der umstrittene moderne Ponte della Costituzione (Calatrava-Brücke) zwischen dem Piazzale Roma und dem Bahnhof. Übrigens: Eine Fahrt auf dem Canal Grande ist zu jeder Zeit ein Erlebnis, nachts aber bietet sie mit den beleuchteten Gebäuden eine geradezu magisch schöne Kulisse. Die Fahrt mit dem Vaporetto vom Piazzale Roma bis San Marco dauert etwa 40 Minuten, an der Punta della Dogana mündet der Kanal dann ins San-Marco-Becken.

2 Piazza San Marco

Im »schönsten Salon Europas« schlägt das Herz Venedigs

Im Palazzo Ducale an der Piazza San Marco residierten die Dogen von Venedig

Information

- Vaporetto-Stationen San Marco Vallaresso, Giardinetti und San Zaccaria
- Parken: siehe S. 172

Auf die großartige Piazza blicken erstaunliche Gebäude, wie die Basilika, der Dogenpalast, der Campanile und die Gebäudeflügel Procuratie Vecchie und Nuove, im 16. Jh. Dienstsitz der höchsten Verwaltungsbeamten der Republik. Der Platz war und ist das pulsierende Herz der Lagunenstadt – einst politisches, kulturelles und religiöses Zentrum der Seemacht Serenissima, heute Magnet für Millionen Touristen, die ihn jährlich besuchen. In seiner fragilen und überwältigenden Anmut kann man ihn früh am Morgen erleben, wenn die Stadt erwacht und sich für die kommende Flut an Touristen herausputzt, oder aber spät in der Nacht, wenn man auf der menschenleeren Piazza die eigenen Schritte hallen hört. Baumlos und schmucklos ist der trapezförmige, 176 m lange und 82 m breite Platz: Verziert wird er nur vom Mobiliar der historischen Kaffeehäuser und von den schicken Boutiquen und Geschäften unter den Arkaden. Trotzdem muss man Napoleon zustimmen, der ihn als den schönsten Salon Europas bezeichnete. Wenn

Plan S. 70

man von der Mole kommt, passiert man zuerst die Piazzetta, einen kleineren, vom Dogenpalast flankierten Platz mit zwei Säulen, die den Haupteingang nach Venedig markierten. Auf der einen steht ein bronzener Markuslöwe und auf der anderen die Marmorstatue von San Todaro, dem ersten Stadtpatron. Einst verrichtete zwischen den beiden Säulen der Henker sein Tagwerk – abergläubische Stadtbewohner gehen deshalb außen um die Säulen herum. Am Kai schaukeln das ganze Jahr über Gondeln vor dem Hintergrund der Insel San Giorgio Maggiore. Von der kleinen Piazzetta dei Leoni aus neben der Nordseite der Basilika hat man einen schönen Blick auf die gesamte Piazza und den Campanile. Der Markusplatz ist die einzige Piazza der Stadt, alle anderen Plätze heißen »campi«. Und er ist auch der einzige Platz, der direkt aufs Meer blickt. Kein Wunder also, dass genau hier alle wichtigsten Freiluft-Events Venedigs stattfinden.

Sehenswert

a Campanile di San Marco

| Glockenturm |

1 *Aus der Vogelperspektive Traumblick auf die Lagunenstadt*

Das knapp 97 m hohe, mächtige Wahrzeichen Venedigs hat eine bewegte Geschichte hinter sich. Vollendet wurde der Campanile das erste Mal in der zweiten Hälfte des 12. Jh. Blitze, Brände und Erdbeben beschädigten den Glockenturm im Laufe der Zeit, dessen heutige Silhouette auf das frühe 16. Jh. zurückgeht. Ermüdet und geschwächt vom Alter und von ungeschickten Restaurierungen, kollabierte er plötzlich ohne Vorwarnung am 14. Juli 1902; beim Einsturz blieb nur eine der fünf Glocken erhalten. Der neue Turm wurde am 25. April 1912 »dov'era e com'era« (wo er war und wie er war) wieder

ADAC *Spartipp*

Mit dem **MUVE-Pass** (Museum Pass) kann man alle Museen an der Piazza San Marco – sowie weitere acht städtische Museen – zum Preis von 24,50 € besuchen. *www.visitmuve.it*

ADAC *Wussten Sie schon?*

Der geflügelte Markuslöwe und ein offenes Buch, das höchstwahrscheinlich nicht die Bibel darstellt, schmücken die **Fahne Venedigs.** Die Pfoten, teilweise im Wasser und teilweise auf dem Boden, sollen die Macht über das Meer und die Erde symbolisieren. Die sechs Fransen stehen für die »sestieri« der Stadt.

eingeweiht. Er erhebt sich getrennt von der Basilika auf der Piazza, wahrscheinlich weil er ursprünglich als Wach- oder Leuchtturm fungierte. Geschmückt wird der mächtige Bau von einem goldenen Engel auf der Turmspitze, fünf Glocken und der zierlichen Loggetta am Fuße des Turms: Im Renaissancestil von Jacopo Sansovino 1537–49 errichtet, diente diese nur als Prestigestück. Einen atemberaubenden Blick aus der Vogelperspektive genießt man vom Aussichtsbalkon: Bei klarem Wetter sieht man die ganze Stadt, samt Laguneninseln – und hat sogar freie Sicht bis zu den bisweilen schneebedeckten Alpen.

■ www.basilicasanmarco.it, mit Lift, 16. April–28. Okt. tgl. 8.30–21 Uhr, sonst kürzer, Jan. geschl., 8 €, erm. 4 €

b Procuratie Nuove e Vecchie und Ala Napoleonica

| Arkaden |

Drei Seiten der Piazza werden von imposanten Arkadenbauten umrahmt. Die Procuratie Nuove auf der Südseite wurden ab 1580 errichtet und 1640 fertiggestellt: Hier befindet sich das berühmte Caffè Florian, in dem schon Goethe, Rousseau und andere Berühmtheiten ihren Kaffee tranken. Die ursprünglich im 12. Jh. erbauten, 152 m langen Procuratie Vecchie erstrecken

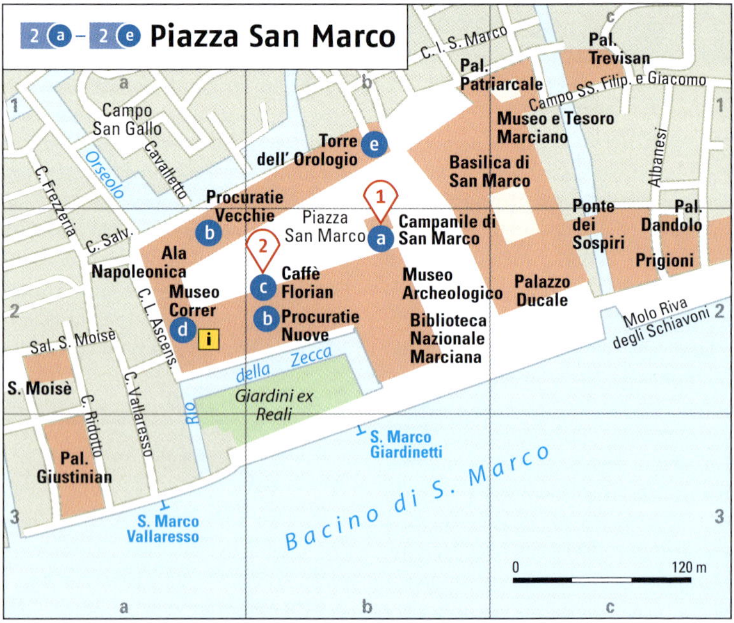

sich auf der Nordseite des Platzes und bestehen aus 50 Arkaden: Die zwei historischen Kaffeehäuser Quadri und Lavena, in dem Wagner gerne verkehrte, ziehen hier alle Blicke auf sich. Die beiden Arkadenreihen werden an der westlichen Seite der Piazza, gegenüber der Basilica di San Marco, durch die Ala Napoleonica miteinander verbunden. Bis zur napoleonischen Herrschaft stand an dieser Stelle die Kirche San Geminiano, die Napoleon zwischen 1808 und 1810 abreißen ließ, um diesen Flügel zu errichten und der Piazza eine salonartige Form zu verleihen. Genau hier hat man einen faszinierenden Blick auf den ganzen Platz. Die Arkaden beherbergen viele schicke Boutiquen und Geschäfte.

c Caffè Florian

| Kaffeehaus |

2 *Kaffee und Musik mit Panoramablick im ältesten Café Italiens*

In den fein geschmückten Sälen, deren Einrichtung von 1858 stammt, fühlt man sich zurück in alte Zeiten versetzt, als Casanova oder der Komödiendichter Goldoni hier verweilten. Seit 1720 verschönert das von Floriano Francesconi gegründete Kaffeehaus die Procuratie Nuove, das damals »Caffè alla Veneziana trionfante« (auf triumphierende venezianische Art) hieß. Weiß livrierte Kellner bringen die Bestellungen auf glänzenden Tabletts. Bei schönem Wetter sitzen die Gäste draußen und genießen die musikalische Unterhaltung (Achtung: Zu den 6,50 € für z.B. einen Espresso kommen nochmal 6 € für die Musik dazu!) und den großartigen Blick auf die Piazza: Von April bis Oktober spielt ein Orchester im Frack ein gemischtes internationales Repertoire. Das Innere des Cafés, einst

Lange Zeit war es Treffpunkt der Revolutionäre – das berühmte Caffè Florian

Treffpunkt von Künstlern und später von Revolutionären, gehört aber auch den Venezianern: Am Tresen kann man einen guten Espresso zum moderaten Preis von 3 € und das morbide Flair des historischen Kaffeehauses kosten. 1893 entstand hier die Idee einer Kunstausstellung in Venedig durch den ehemaligen Bürgermeister Riccardo Selvatico: Die Biennale Arte war geboren!

■ Piazza San Marco 57, Tel. 041/520 56 41, www.caffeflorian.com, tgl. 9–24 Uhr

d Museo Correr

| Museum |

Um mehr über die Geschichte Venedigs und vor allem der alten Seemacht zu erfahren, lohnt sich ein Besuch des

Den Uhrturm, Torre dell'Orologio, kann man im Rahmen einer Führung besteigen

städtischen Museums. Hier bewundert man die grandiose Kunstsammlung von Teodoro Correr, der sie 1830 der Stadt vermachte. Neben Statuen von Canova und Meisterwerken von Carpaccio, Bellini und Antonello da Messina werden in den riesigen Sälen, wie il Salone da ballo oder la Sala del trono, Monumentalgemälde, aber auch antike Alltagsobjekte wie Münzen, Waffen, Stoffe, Möbel und weitere Exponate gezeigt. Im Kaiserflügel sind die Gemächer der österreichischen Kaiserin Sisi zu sehen, die zwischen 1856 und 1862 hier ab und zu wohnte.

■ Ala Napoleonica und Procuratie Nuove, San Marco 52, Tel. 041/240 52 11, www.correr.visitmuve.it, April–Okt. tgl. 10–19, Nov.–März 10–17 Uhr, 20 €, erm. 13 €; im Ticket enthalten: Eintritt Palazzo Ducale, Museo Archeologico und Monumentalsäle der Biblioteca Marciana; oder mit Museum Pass

e Torre dell' Orologio

| Uhrturm |

Ein geflügelter Markuslöwe, das Symbol Venedigs, hebt sich vom mit Sternen übersäten blauen Hintergrund der obersten Nische im Uhrenturm ab, der auf der Nordseite des Platzes als Eingang zu der Einkaufsmeile Mercerie steht. Die Uhr wurde 1496–99, wahrscheinlich nach dem Entwurf von Mauro Coducci, gebaut und im 16. Jh. durch die beiden Flügel erweitert. Die blaue, goldfarbene und weiße Uhr zeigt auch die Mondphasen und die Sternzeichen. Über ihr steht eine bronzene Statue der Madonna mit Kind: Zu Dreikönig und Himmelfahrt wird ihr von den aus den seitlichen Türen kommenden Figuren der Heiligen Drei Könige gehuldigt. Zur vollen Stunde schlagen zwei riesige, von einem feinen Mechanismus gesteuerte Bronzefiguren die Glocke auf der Dachterras-

se, von der aus man einen schönen Blick auf die Stadt und die Lagune hat. Die Venezianer nennen sie »mori« wegen der dunklen Farbe des Metalls.
■ Piazza San Marco, www.torreorologio.visitmuve.it, tgl. 12–16 Uhr, 12 €, erm. 7 €, nur nach Voranmeldung und mit Führung. Für Personen mit motorischen Problemen oder Platzangst und für Schwangere nicht empfohlen; Kinder unter 6 Jahren sind nicht zugelassen. Das Ticket gilt auch für die Museen Correr, Archeologico und die Monumentalsäle der Biblioteca Marciana.

Restaurants

€€€ | **Harry's Bar** Zu den Klassikern des bei Künstlern wie Ernest Hemingway beliebten Restaurants, das G. Cipriani 1931 eröffnete, zählen der »baccalà mantecato« (Stockfischmus) und das Carpaccio aus Rindfleisch. ■ Calle Vallaresso, San Marco 1323, Tel. 041/528 57 77, www.cipriani.com, Plan S. 70 a3

Cafés

Gran Caffè Quadri Im Erdgeschoss des 1775 eröffneten Cafés befindet sich das historische Kaffeehaus; im ersten Stock bietet das Restaurant von Spitzenkoch Alajmo eine feine Speisekarte. An der Theke bekommt man einen »caffè« zum erschwinglichen Preis. ■ Procuratie Vecchie, San Marco 121, Tel. 041/522 21 05, www.alajmo.it, Restaurant Mo geschl., Plan S. 70 b2

ADAC *Mittendrin*

Am Wochenende vor Faschingsdonnerstag wird der Karneval offiziell mit dem »**Volo della Colombina**« (Täubchenflug) eröffnet: Eine (berühmte) Frau »fliegt« als Colombina verkleidet in Anwesenheit des »Dogen« vom Campanile und landet auf der Piazza San Marco. Während des Fluges wirft sie Konfetti auf die Zuschauer (zum Karneval s. auch S. 134).

Einkaufen

Venini Feinste Vasen und Schalen aus Murano-Glas mit modernem Design vom traditionsreichen Hersteller. ■ Piazzetta Leoncini, San Marco 314, Tel. 041/522 40 45, www.venini.it, Plan S. 70 b1

Zora Gallery Im Atelier an der Ecke der Calle XXII Marzo faszinieren handgemachter Schmuck und Accessoires aus Murano-Glas. ■ San Marco 2407, Tel. 041/277 08 95, www.zoragalleryvenice.com, Plan S. 70 westl. a2

3 Basilica di San Marco

2 *Mystische Atmosphäre mit orientalischem Flair*

■ Vaporetto-Stationen San Marco Vallaresso, Giardinetti und San Zaccaria
■ San Marco 328, www.basilicasanmarco.it, Mo–Sa 9.30–17, So, Fei 14–17, 29. Okt.–15. April bis 16.30 Uhr, Eintritt frei
■ Museo di San Marco, tgl. 9.45–16.45 Uhr, 5 €, erm. 2,50 €; Tesoro di San Marco, tgl. 9.35–17, So, Fei 14–17, 29. Okt.–15. April 9.45–17, So, Fei bis 16.30 Uhr, 3 €, erm. 1,50 €

Wer die Lichtreflexe auf den goldglitzernden Mosaiken oder die sich im Hochwasser widerspiegelnde Fassade betrachtet, erliegt sofort der Magie dieses Ortes. Die Kirche zeigt einen Grundriss in Form eines griechischen Kreuzes und wird von fünf Kuppeln abgeschlossen – eine Baustruktur, die auf das Jahr 1060 zurückgeht, als die Kirche unter dem Dogen Contarini das dritte Mal wieder aufgebaut wurde. Das erste Gotteshaus wurde 832 als Aufbewahrungsort für die von venezianischen Kaufleuten geraubten Gebeine des heiligen Markus gebaut, die heute unter dem Hauptaltar zu finden sind. Durch einen Brand zerstört und wieder errichtet, wurde die Kirche abgerissen, um eine neue und größere Staatskirche zu errichten, die die Seemacht besser repräsentieren konnte.

Nach den Plünderungen im christlichen Konstantinopel wurden im Jahr 1204 großartige Schätze durch die venezianischen Kreuzritter des vierten Kreuzzuges in die Lagunenstadt gebracht, darunter auch die Cavalli di San Marco: Die bronzenen Pferde über dem Hauptportal sind Kopien der Originale, die 1982 im Museum der Basilika ihr Zuhause gefunden haben. Ab dem 14. Jh. bekam die Kirche Figuren, vergoldete Türmchen, fünf spitze Arkadenbogen, Bronzeportale und Giebelspitzen, die ihr die aktuelle Gestalt im byzantinischen Stil verliehen. Im Laufe der Zeit wurde sie weiter ausgeschmückt. Sie galt bis 1797 als Hauptkirche der Dogen, und erst 1807 wurde sie zur Kathedrale Venedigs, anstelle der Kirche San Pietro in Castello.

Orientalisches Flair spürt man auch im Inneren, das mit einem großartigen hängenden Kreuz die Gläubigen begrüßt und mit über 4200 m² Goldmosaiken, die Wände, Decke und Kuppeln auskleiden, zu beeindrucken weiß. Zu den schönsten Zyklen zählt das Mosaik aus dem 13. Jh. in der zentralen Himmelfahrtskuppel, das Christus von Engeln, Aposteln und der Jungfrau Maria umgeben zeigt. Der Domschatz wurde mit kostbaren Kunstwerken und wertvollen Objekten und Reliquien aus den Beutestücken Konstantinopels angereichert.

Im Blickpunkt

Herrscher ohne Macht – der Doge

120 Dogen hatte die Seerepublik Serenissima. Die Machtbefugnisse des venezianischen Staatsoberhauptes waren in der Verfassung klar beschrieben: Die wahre Macht besaßen aber der Rat der Zehn und der Große Rat mit seinen etwa 2000 Mitgliedern. Der Legende nach wurde 697 Paoluccio Anafesto zum ersten Dogen gewählt. Ludovico Marin dankte als letzter Doge 1797 während Napoleons Besatzung ab. Fast mythisch ist die Figur des blinden Enrico Dandolo, der im Alter von 85 Jahren zum 41. Dogen gewählt wurde und mit der Eroberung von Byzanz 1204 Venedig zur Weltmacht machte.

Sehenswert

Pala d'oro

| Altarbild |

Man könnte stundenlang das exquisite Altarbild byzantinischer und venezianischer Goldschmiedekunst aus dem 10. bis 14. Jh. am Hochaltar bestaunen (hinter einer Schranke, Eintritt). Mit Edelsteinen und 80 Emailbildern besetzt, stellt dieses 140 x 34 cm große Meisterwerk das Leben Christi, der Madonna und des heiligen Markus dar. Laut einem Inventar aus dem Jahre 1796 sind in die Pala 1300 Perlen, 400

Dank der Mosaiken trägt San Marco auch den Namen »Goldene Basilika«

Granatsteine, 300 Saphire, 300 Smaragde, 90 Amethyste, 100 Rubine, vier Topase und zwei Kameen eingesetzt.

■ Mo–Sa 9.35–17, So, Fei 14–17, 29. Okt.–15. April 9.45–16.45, So, Fei bis 16.30 Uhr, 2 €, erm. 1 €

4 Palazzo Ducale

3 *Prunkvoller Wohnsitz des Dogen und Zentrum der Seemacht*

■ Vaporetto-Stationen San Zaccaria, San Marco Vallaresso und Giardinetti

■ www.palazzoducale.visitmuve.it, April–Okt. tgl. 8.30–19, Nov.–März 8.30–17.30 Uhr, 20 €, erm. 13 €. Ticket gilt auch für Museen Correr, Archeologico und die Monumentalsäle der Biblioteca Marciana; oder mit Museum Pass

Imposant und beeindruckend zieht der Dogenpalast, der gleichzeitig Sitz der Regierung, Justizpalast der Serenissima und Wohnung des Dogen war, jeden Blick auf seine wunderschönen, mit Spitzen verzierten Fassaden. Aus rosafarbenem Verona-Marmor und istrischem Kalkstein steht der mächtige Palast auf einem breiten offenen Laubengang mit spitz zulaufenden Arkaden samt Kapitellen. Richtung Piazzetta ist er 75 m und Richtung Mole 71,50 m lang. Die prunkvolle Mittelloge von anmutiger Zierlichkeit lockert dank der vielen Säulen und des schönen Rautenmusters die gewaltige Fassade auf, sodass der ganze Palast fast schwerelos erscheint. Zauberhaft ist das Spiel von Licht und Schatten, das die unzähligen Säulen dem Betrachter bieten. Auch die breiten spitzbogigen Fenster der verschiedenen Regierungssäle und der zinnenartige Rand am oberen Abschluss tragen zur optischen Leich-

Vor Tintorettos Wandgemälde »Paradies« im Dogenpalast tagte einst der Große Rat

tigkeit des Palastes bei. Ursprünglich als Festung im 9. Jh. errichtet, bekam der Dogenpalast seine aktuelle Silhouette erst im 16. Jh. nach den Bränden von 1574 und 1577.

Ein Meisterwerk gotischer Architektur ist die Porta della Carta, die heute an der westlichen Fassade als Ausgang und Verbindungsstück zur Basilika dient. Ein Relief zeigt hier den Dogen mit dem Markuslöwen. Der Eingang in den Palast befindet sich gegenüber unter den Arkaden der Mole. Im Innenhof sorgt die Scala dei Giganti für einen Wow-Effekt: Auf der riesigen Treppe von Antonio Rizzo wurden die Dogen feierlich gekrönt. Den Namen bekam sie durch Sansovinos gigantische Statuen von Mars und Neptun.

Das Palastinnere betritt man über die wunderbare Scala d'oro (Goldene Treppe). Nach dem Entwurf von Sansovino 1558 vollendet, ist sie von goldenen Stuckarbeiten verziert und war Richtern und hochrangigen Persönlichkeiten vorbehalten. Durch eine Reihe von Räumlichkeiten wird man mit dem Regierungsgeschäft der Seerepublik bekannt gemacht – und mit unzähligen Kunstwerken: Denn die Innenräume schmückten Künstler wie Bellini, Carpaccio, Tizian, Tintoretto und Veronese. Prunkvolle Fresken von Tintoretto befinden sich in der Sala delle Quattro Porte: Von hier hat man einen wunderschönen Blick auf den Innenhof und den Campanile.

Von der gigantischen Sala del Maggior Consiglio aus, die mit 52,70 m Länge und 24,65 m Breite der größte Saal des Palastes ist, genießt man einen bezaubernden Ausblick auf San Giorgio Maggiore. Das Highlight des prächtigen Saales, wo sich die knapp 1500 Mitglieder des Großen Rates versammelten, ist das 7,45 x 24,65 m große

Ölgemälde »Paradies«, das Tintoretto 1588–1594 mit über 70 Jahren mithilfe seines Sohnes malte. Von hier aus geht man nach unten in die düsteren Kerker und Folterkammern und über die Seufzerbrücke in die Prigioni Nuove, das Staatsgefängnis.

■ www.palazzoducale.visitmuve.it, April–Okt. tgl. 8.30–19, Nov.–März 8.30–17.30 Uhr, 20 €, erm. 13 €. Ticket gilt auch für die Museen Correr und Archeologico sowie die Monumentalsäle der Biblioteca Marciana; oder mit Museum Pass

5 Ponte dei Sospiri

Die meistfotografierte Brücke Venedigs ist überdacht

■ Vaporetto-Station San Zaccaria
■ San Marco 1

Errichtet wurde die 11 m lange Brücke aus istrischem Kalkstein 1602 im Barockstil über den Rio di Palazzo, um den Dogenpalast mit den Neuen Gefängnissen zu verbinden. Ihren Namen verdankt sie wahrscheinlich den Seufzern der Gefangenen, die über die Brücke in die Gefängniszellen gingen. Die Seufzerbrücke ist nur vom Ponte della Canonica und Ponte della Paglia sichtbar: Von Letzterem hat man den besten Blick, vor allem wenn unter der Brücke Gondeln hindurchgleiten.

ADAC *Wussten Sie schon?*

Der legendäre Frauenheld **Giacomo Casanova** (1725–98), der wegen seiner Frauengeschichten ständig auf der Flucht war, wurde 1755 verhaftet. Er kam in das berüchtigte Gefängnis des Dogenpalastes, die Piombi, aber 1756 gelang ihm eine abenteuerliche Flucht, die er in seinen Memoiren anschaulich beschrieb.

6 San Giorgio Maggiore

Palladios Kirche auf der Zypresseninsel gehört zu den Wahrzeichen der Stadt

■ Vaporetto-Station San Giorgio

Einst Insel der Zypressen genannt, blickt die kleine, von zahllosen Künstlern porträtierte Insel auf das Becken von San Marco. Hier erheben sich die Kirche San Giorgio Maggiore des Stararchitekten Andrea Palladio, der Campanile mit großartigem Panoramablick und eine Klosteranlage aus dem 15. Jh., heute Sitz der Stiftung Cini. Der Vaporetto legt direkt an dem mit geometrischen Bodenmustern verzierten Kirchenplatz auf der knapp 10 ha großen Insel an. Bereits beim Aussteigen hat man das Gefühl, an einem Ort der Stille angekommen zu sein.

Sehenswert

San Giorgio Maggiore
| Kirche |
Die Kirchenfassade mit der klassischen Gestaltung aus Dreiecksgiebel, Tympanon und Säulen ist typisch für Andrea Palladio, der mit dem Kirchenbau 1566 begann. Eingeweiht wurde die Renaissancekirche erst 1610. Auch der durch perfekte Proportionen geprägte, kühle Innenraum verrät seine Handschrift. Zu den bedeutendsten Kunstwerken der kreuzförmigen Basilika mit Kuppel gehört Tintorettos »Letztes Abendmahl« von 1594. Der 63 m hohe Glockenturm wurde 1774 in

der aktuellen Form gebaut. Seine Balustrade umgibt einen runden Tambour aus rotem Ziegelstein, darauf liegt eine kegelförmige, mit Silber und Blei verkleidete Spitze. Ganz oben zeigt ein Engel die Windrichtung an. Von hier hat man einen atemberaubenden Blick auf die ganze Lagune.

■ April–Okt. tgl. 9–19, Nov.–März 8.30–18 Uhr, So 10.40–12 Uhr wegen Gottesdienst geschl.; Campanile 6 €, erm. 4 €

Fondazione Giorgio Cini

| Bibliothek |

3 *Studien- und Kulturzentrum mit historischer Bibliothek*

Der Eintritt in das Benediktinerkloster, das ursprünglich 982 errichtet wurde, befindet sich neben der Kirche. Unter der Herrschaft Napoleons 1806 geschlossen, verfiel das Kloster, bis es Graf Cini 1951 sanieren und restaurieren ließ und die Stiftung Giorgio Cini gründete. Danach kehrten einige Benediktiner zurück und nahmen die Kirche wieder in Besitz. Im Kulturzentrum der Stiftung wird die Kultur-, Theater-, Musik-, Fotografie- und Kunstgeschichte Venedigs gepflegt, archiviert, digitalisiert und studiert. Hier finden auch Veranstaltungen und Ausstellungen statt. In den zwei Kreuzgängen herrscht zwischen den Zypressen betörende Stille: Der eine Kreuzgang wurde vom Architekten Buora errichtet, der andere stammt von Palladio. Über die monumentale Treppe, die Longhena 1643 bauen ließ, erreicht man den ersten Stock. In Palladios Refektorium hängt ein großartiges Faksimile von Veroneses Gemälde »Die Hochzeit zu Kana«. Im ehemaligen Dormitorium (Nuova Manica) befindet sich eine moderne Bibliothek. Beeindruckend ist Longhenas Bibliothek mit originalen, von Franz Pauc geschnitzten Buchregalen. Die Bibliotheken der Stiftung verfügen insgesamt über 300 000 Bücher, die kunstgeschichtliche Bibliothek ist mit über 150 000 Werken die größte. In der Klosteranlage gibt es einen dem Schriftsteller Borges gewidmeten Irrgarten.

■ Tel. 041/220 12 15, www.cini.it, tgl. 10–17 Uhr, 13 €, erm. 10 €, Kinder bis 12 Jahre in Begleitung der Eltern frei

ADAC *Mobil*

Kein mühsames Treppensteigen: Ein **Aufzug** befördert einen in wenigen Sekunden auf den Campanile von San Giorgio Maggiore, wo man dann den Panoramablick über Venedig genießt. Gleiches gilt für den Campanile am Markusplatz! Nur heißt es dort meist: Schlangestehen.

7 Santa Maria del Giglio

Spektakuläre Barockfassade zum Gedenken der Familie Barbaro

■ Vaporetto-Station Giglio

■ Campo Santa Maria del Giglio, San Marco 2542, www.chorusvenezia.org, Mo–Sa 10.30–16.30 Uhr, 3 €, erm. 1,50 €, oder mit Chorus-Pass

Bereits im 9. Jh. erbaut, gehört die Kirche zu den ältesten Gotteshäusern der Stadt. Ihre üppig dekorierte Fassade ist ein Meisterwerk der Barockkunst und wurde nach dem Entwurf des Architekten Giuseppe Sardi 1678–83 gestaltet. In einigen Nischen an der Front stehen die Bildnisse der mächtigen Mitglieder der Familie Barbaro, welche

Mehrmals in Flammen aufgegangen, erstrahlt La Fenice heute in altem Glanz

die Kirche stiftete: Über dem Portal sieht man das Porträt des Kapitäns zur See Antonio Barbaro. Die Figuren stammen vom flämischen Bildhauer Juste Le Court und von Enrico Merengo. Im Inneren sind die vier Evangelisten von Jacopo Tintoretto zu bewundern, während das Bild der Heiligen Familie in der Cappella Molin Paul Rubens zugeschrieben wird. Ob der Glaube angesichts der grandiosen Kunst in dieser Kirche nicht zu kurz kommt, fragen sich manche Gläubige.

Einkaufen

Bevilacqua Wunderbare Stoffe und Accessoires aus Samt, Brokat, Damast und Seide werden hier handwerklich gewebt – seit drei Jahrhunderten in Venedig. ■ Campo S. Maria del Giglio, San Marco 2520, Tel. 041/241 06 62, www.bevilacquatessuti.com

SV Lab Exklusive Mode und Schuhe feiner handwerklicher Marken in künstlerischem Ambiente. ■ Campo San Maurizio, San Marco 2663, Tel. 041/522 05 95, www.svlab.it

8 Gran Teatro La Fenice

4 *Das hinreißende Opernhaus begeistert Zuschauer und Besucher*

■ Vaporetto-Stationen Rialto, S. Angelo, San Samuele und San Marco Vallaresso
■ Campo San Fantin, San Marco 1965, Tel. 041/78 66 75, www.teatrolafenice.it, Besuch mit Audioguide 9.30–18 Uhr, 10 €, erm. 7 €, frei für Kinder bis 6 Jahre

Im Zuschauerraum des weltberühmten Opernhauses fühlt man sich wie in einem Märchen: Die flache Decke als Himmel vermittelt mit verschiedenen

Die Statue des Schriftstellers Nicolò Tommaseo dominiert den Campo Santo Stefano

Kreisen unterschiedlicher hellblauer Nuancen den Eindruck einer Kuppel. Unzählige Verzierungen, Arabesken, Blätter und Reliefs aus Holz und vergoldetem Pappmaschee schmücken die fünf Reihen von Logen und glänzen faszinierend. Das Gran Teatro La Fenice erstand bereits dreimal aus der Asche, wie der Phönix (auf Italienisch »fenice«). Zwischen 1790 und 1792 wieder errichtet, ging es 1836 erneut in Flammen auf und wurde im selben Jahr wieder aufgebaut. 1996 fiel das Theater, in dem auch Maria Callas gesungen hat, erneut den Flammen zum Opfer. Nach acht Jahren detailgetreuer Restaurierungsarbeiten und einiger bürokratischer Verzögerungen wurde La Fenice am 14. Dezember 2003 feierlich wieder eröffnet. Das Theater, das bis zu 1000 Zuschauern Platz bietet, ist auch wegen seiner außergewöhnlichen Akustik bekannt. Das Orchester besteht aus 98 Musikern.

Restaurants

€€€ | Antico Martini Typisch venezianische Gerichte, wie »fegato alla veneziana« in dem Lokal mit Blick auf das Theater La Fenice werden hier raffiniert neu interpretiert. ■ Campo Teatro La Fenice, San Marco 2007, Tel. 041/522 41 21, www.anticomartini.com

9 Campo Santo Stefano

Wo einst die Stierhatz bejubelt wurde, herrscht heute gemütliches Flair

■ Vaporetto-Station Accademia
■ Kirche Santo Stefano, www.chorus venezia.org, Mo–Sa 10.30–16.30 Uhr, 3 €, erm. 1,50 €, oder mit Chorus-Pass

Stimmungsvoll und weiträumig präsentiert sich der sonnige Campo, an dem bis zum Jahre 1802 an Karneval

die Stierhatz stattfand und wo heute Venezianer und Touristen gerne bei einem Aperitif, einem Eis oder einem »caffè« verweilen. In der Mitte thront die Statue von Nicolò Tommaseo, dem Schriftsteller, Gelehrten und Patrioten, dessen Sockel oft Jugendlichen als Sitzplatz dient. Nicht selten hört man Musik auf dem Platz, die aus dem Palazzo Pisani kommt, der das Konservatorium beherbergt. Auf der Nordseite des Platzes bewahrt die Kirche Santo Stefano mit einem prächtigen Marmorportal und einer als Schiffsrumpf gearbeiteten Holzdecke einige bedeutende Gemälde von Tintoretto. Ihren schiefen Campanile entdeckt man vom Campo Sant'Angelo aus.
Wendet man sich nach Süden, stößt man rechter Hand auf die Chiesa di San Vidal, wo am Abend empfehlenswerte Konzerte mit Interpreti Veneziani stattfinden (S. 84).

Restaurants

€ | Al Bacareto Traditionelle, frisch zubereitete Speisen in der typischen Osteria. Im April/Mai werden hier ausgezeichnete »moeche« (S.130) serviert. ■ San Samuele, San Marco 3447, Tel. 041/528 93 36, www.bacareto.it, So geschl.

€€ | Le Café Internationale und lokale, gut gepflegte Küche mit freundlichem Service und schönem Blick auf den ganzen Platz. ■ Campo S. Stefano, San Marco 2797, Tel. 041/523 00 02, www.lecafevenezia.com

Cafés

Bar All'Angolo Im sympathischen Ambiente leckeren Aperol Spritz zum Aperitif genießen. ■ San Marco 3464, Tel. 041/522 07 10, So geschl.

10 Palazzo Fortuny

Feine und innovative Stoffe von Mariano Fortuny

■ Vaporetto-Stationen Sant' Angelo und San Samuele
■ Campo San Benedetto, San Marco 3958, Tel. 041/520 09 95, www.fortuny.visitmuve.it, Mi–Mo 10–18 Uhr, 10 €, erm. 8 €

1889 kam der spanische Modedesigner, Künstler, Fotograf und Grafiker Mariano Fortuny y Madrazo nach Venedig, wo er den spätgotischen Palazzo Pesaro als Wohnsitz und Atelier erwarb. In diesem Palast bewundert man heute die Kreationen des Multitalents, darunter Textilien in den typischen Fortuny-Farben, Prints, Lampen, Gemälde und Fotos. Die Wände des Museums sind mit seinen vom Barock inspirierten Stoffen tapeziert.
Bereits seit dem Jahr 1978 ist der Palazzo Fortuny zudem für seine Ausstellungen, die sich dem Thema Fotografie widmen, bekannt.

ADAC *Wussten Sie schon?*

Mariano Fortuny entwickelte die sogenannte Delphos-Robe, ein Kleidungsstück aus plissierter Seide, das ihn weltberühmt machte. In der Werkstatt des Palazzo Fortuny unterstützte Henriette ihren Ehemann bei der Herstellung wertvoller gemusterter Stoffe, die als Fortuny-Stoffe heute noch weltweit bekannt sind und auf der Insel Giudecca hergestellt werden. Persönlichkeiten, wie die Schauspielerin Eleonora Duse, gehörten zu Fortunys Kundschaft.

11 Scala Contarini del Bovolo

4 *Ungewöhnliches Treppenhaus mit Aussichtspunkt im Zentrum*

■ Vaporetto-Station Rialto
■ Corte Contarini del Bovolo, San Marco 4303, Tel. 041/309 66 05, www.scalacontarinidelbovolo.com, tgl. 10–18 Uhr, mit Sala Tintoretto 7 €, erm. 6 €; mit Oratorio dei Crociferi (Do–So 10–13 und 14–17 Uhr) 9 €, erm. 8 €

Der Palazzo fasziniert im Innenhof durch eine 26 m hohe, prächtige Wendeltreppe mit 113 Stufen und einem Durchmesser von 4,70 m im byzantinisch-gotischen Renaissancestil. Ganz oben umfasst der Treppenturm, den Pietro Contarini in Auftrag gab, ein Belvedere mit 360-Grad-Panorama auf die Dächer Venedigs. Der Palast bietet keinen Blick auf den Canal Grande, deswegen wurde das bezaubernde Treppenhaus, das keine praktische Funktion hatte, in die Höhe gebaut, um zu beeindrucken – was aber auf Kritik beim venezianischen Senat stieß. 1499 muss es vollendet gewesen sein, da es bereits im Venedig-Plan von Jacopo de' Barbari zu sehen ist. Ob der einfache Zimmermann Candi oder der bekannte Architekt Spaventi den Plan für den merkwürdigen Bau in Form einer Schnecke (»bovolo« heißt auf Venezianisch Schnecke) und mit fünf übereinander liegenden Loggien entwarf, ist heute noch unklar. Im zweiten Stock kann man im Tintoretto-Saal einige Kunstwerke der Kollektion IRE, u.a. auch eine Skizze von Tintorettos Gemälde »Das Paradies«, besichtigen. Sehenswert ist auch der Brunnen aus dem 11. Jh. im byzantinisch-venezianischen Stil vor der Wendeltreppe.
Der merkwürdige Palast befindet sich versteckt im Labyrinth der »calli« ganz in der Nähe des Campo Manin.

Wie ein Schneckenhaus wirkt die Treppe des Palazzo Contarini del Bovolo

12 Fondaco dei Tedeschi

5 *Luxuskaufhaus in historischem Gebäude mit Panoramaterrasse*

■ Vaporetto-Station Rialto
■ Calle del Fondaco dei Tedeschi, Tel. 041/314 20 00, www.dfs.com, tgl. 10–20.30 Uhr

Der ursprünglich aus dem 13. Jh. stammende Handelshof, zugleich die Herberge für deutschsprachige Händler, blickt mit der mächtigen Fassade auf den Canal Grande ganz dicht an der

Der Fondaco dei Tedeschi am Canal Grande beherbergt heute ein Luxuskaufhaus

Rialto-Brücke. Diese Warenbörse wurde nach einem Brand 1505 als Renaissancegebäude mit vier schönen Bogenreihen wiederaufgebaut: Durch die offenen Arkaden im Erdgeschoss wurden die Waren ein- und ausgelagert. Hier wohnte übrigens auch Albrecht Dürer, der 1506 das meisterhafte Altarbild »Rosenkranz« für die nahe Kirche San Bartolomeo malte. Getreu der Handelstradition ist der mächtige Bau nach der Restaurierung durch den holländischen Architekten Koolhaas ein großes Kaufhauszentrum für Mode, Accessoires, Schmuck, Kosmetik und Lebensmittel internationaler Marken geworden. Von der Panoramaterrasse im vierten Stock aus genießt man einen atemberaubenden Blick auf den Canal Grande und die nahe Rialto-Brücke. Die einzelnen Stockwerke des 7000 m² großen Shoppingcenters sind über Rolltreppen erreichbar.

Restaurants

6 **€ | Rosticceria San Bartolomeo**
Für den schnellen Imbiss nimmt man an der großen Glastheke Platz, wo typische Spezialitäten präsentiert werden wie »gamberi« (Garnelen), »sarde in saor« (Sardinen mit Zwiebeln), »moscardini« (Moschuskraken) und Risotto mit Muscheln. Das beste Lokal in Venedig, um Mozzarella »in carrozza« mit Sardellen zu kosten. Hat man mehr Zeit, kann man im Restaurant im ersten Stock speisen. ■ Calle de la Bissa, San Marco 5424/A, Tel. 041/522 35 69

ADAC *Wussten Sie schon?*

In der traumhaften Kulisse des **Palazzo Cavalli** in der Nähe von Rialto kann sich jedes Paar das Ja-Wort geben.
www.comune.venezia.it

Am Abend

An Kulturveranstaltungen und Konzerten mangelt es im Herzen der Lagunenstadt nicht: Abwechslungsreiche Programme finden Freunde klassischer Musik rund um die Piazza San Marco. Nach dem Abendessen kann man die wunderbare Kulisse der Piazza in einem der exklusiven historischen Cafés bei Livemusik oder einfach bei einem Spaziergang genießen. Musik bieten bisweilen auch traditionelle Weinbars.

Bühne

Teatro Carlo Goldoni Vielseitiger Spielplan im nationalen, im 17. Jh. gegründeten Spielhaus mit modernen sowie traditionellen Stücken. ■ San Marco 4650/B, Vaporetto-Station Rialto, Tel. 041/240 20 11, www.teatrostabileveneto.it

Teatro La Fenice Liebhaber von Oper, Ballett und sinfonischer Musik kommen im weltberühmten Opernhaus immer auf ihre Kosten. ■ Campo San Fantin, San Marco 1965, Vaporetto-Stationen Rialto, S. Angelo, San Samuele und San Marco Vallaresso, Tel. 041/24 24, www.teatrolafenice.it

Konzerte

Auditorium Lo Squero In einer alten Werft wurde ein moderner eindrucksvoller Hörsaal eingerichtet, in dem klassische Musik gespielt wird. ■ Insel San Giorgio Maggiore, Vaporetto-Station San Giorgio, Tel. 0423/95 01 50, www.cini.it

Chiesa di San Vidal Das Orchester Interpreti Veneziani spielt Barockmusik und Vivaldis Stücke in der Kirche San Vidal. ■ San Marco 2862/B, Vaporetto-Station Accademia, Tel. 041/277 05 61, www.interpretiveneziani.com

Virtuosi di Venezia Das Kammerorchester bietet abends Vivaldi-Konzerte in der ehemaligen Kirche von San Basso. Bravourstück: »Die vier Jahreszeiten«. ■ Piazza San Marco, Ateneo di San Basso, Vaporetto-Station San Marco Vallaresso, Tel. 041/528 28 25, www.virtuosidivenezia.com

Kneipen, Bars und Clubs

Gran Caffè Lavena In diesem historischen Kaffeehaus auf dem Markusplatz, in dem Richard Wagner fast jeden Nachmittag zu Gast war, kann man abends bei einem Drink Livemusik erleben – mit traumhaftem Blick auf die beleuchtete Basilika. ■ Piazza San Marco, Tel. 041/522 40 70, Vaporetto-Stationen San Marco Vallaresso, Giardinetti, San Zaccaria, www.lavena.it

Enoteca al Volto In dem historischen Lokal lässt man den Abend bei einer »ombra« bestens ausklingen. ■ Calle dei Cavalli, San Marco 4081, Vaporetto-Station Rialto, Tel. 041/522 89 45, www.enotecaalvolto.com, bis 22 Uhr

Harry's Bar Für Glamour und legendäres Ambiente sorgt der berühmteste Treffpunkt Venedigs. ■ Calle Vallaresso, San Marco 1323, Vaporetto-Station San Marco Vallaresso, Tel. 041/528 57 77, www.cipriani.com

Übernachten

Die Preise liegen in der Lagunenstadt durchschnittlich hoch, besonders im touristischen Viertel San Marco, und das nicht nur in traditionsreichen Luxushotels, wie beispielsweise im The Gritti Palace. Trotzdem findet man auch hier Unterkünfte zu erschwinglichen Preisen – außerhalb von Karneval, Ostern und Pfingsten oder der Biennale und besonderen Veranstaltungen wie La Regata Storica. Viele Hotels bieten zudem Last-Minute-Angebote an. Und die kleinen Charme-Hotels haben in der Regel ein gutes Preis-Leistungs-Verhältnis.

€

Dimora Marciana In einem alten Palazzo liegt das kleine, elegante Hotel nur ein paar Minuten von der Piazza San Marco entfernt. Die sechs komfortablen Zimmer sind im typisch venezianischen Stil eingerichtet. ■ Calle de le Piere Vive o Bognolo, San Marco 1604, Vaporetto-Station San Marco Vallaresso, Tel. 041/522 07 55, www.dimoramarciana.com

€€

Hotel Flora Das Hotel mit bezauberndem Garten und nostalgischem Charme bietet jeden Komfort und hausgemachte feine Kuchen zum Frühstück. ■ San Marco 2283 A, Vaporetto-Station Giglio, Tel. 041/520 58 44, www.hotelflora.it

La Fenice et des Artistes Elegantes traditionsreiches Hotel in der Nähe des Theaters La Fenice und der Piazza San Marco, in dem viele Sänger und Künstler absteigen. ■ Campo San Fantin, San Marco 1936, Vaporetto-Stationen Rialto, S. Angelo, San Samuele und San Marco Vallaresso, Tel. 041/523 23 33, www.fenicehotels.com

Locanda Fiorita Das charmante Hotel blickt auf einen ruhigen »campiello«, wo in der schönen Saison das Frühstück serviert wird. Es bietet Zimmer mit Möbeln im venezianischen Stil, einen blumenreichen Garten und eine niedliche Dachterrasse. ■ Campiello Novo, San Marco 3457, Vaporetto-Station S. Angelo, Tel. 041/523 47 54, www.locandafiorita.com

€€€

AD Place Venice Luxushotel hinter dem Theater La Fenice mit raffiniert ausgestatteten Zimmern und dem Theater geschuldeten und doch geschmackvollen Details. ■ Fondamenta della Fenice, San Marco 2557/A, Vaporetto-Stationen Rialto, S. Angelo, San Samuele und San Marco Vallaresso, Tel. 041/241 32 34, www.adplacevenice.com

Manin NH Mit Blick auf den Canal Grande und in der Nähe der Rialto-Brücke, bietet das Hotel im alten Palast Barocci 59 Zimmer mit jedem Komfort. ■ Corte dell' Albero, San Marco 3878 A, Vaporetto-Station S. Angelo, Tel. 041/296 06 50, www.nh-hotels.it, Suchbegriff Italien, dann Venedig

Novecento Boutique Hotel Persönlich gestaltete Zimmer im multiethnischen Stil findet man in diesem charmanten Boutiquehotel. ■ San Marco 2683/84, Vaporetto-Station Giglio, Tel. 041/241 37 65, www.novecento.biz

Santa Croce und San Polo – die Keimzelle Venedigs

Quirliges Alltagsleben, farbenprächtige Märkte und weltberühmte Sehenswürdigkeiten laden zur Erkundung ein

Über die Brücke Ponte della Libertà kommt man am Piazzale Roma im »sestiere« Santa Croce an. Durch dieses eher bescheidene Stadtviertel muss man jedoch, wenn man die Lagunenstadt zu Fuß erkunden möchte. Es ist vielleicht der Stadtteil mit den wenigsten Highlights, doch auch hier blicken reizvolle Palazzi, wie Ca' Pesaro, auf den Canal Grande und es gibt lebendige Plätze, wie den Campo San Giacomo dell'Orio. Santa Croce und San Polo sind eng miteinander verbunden und von vielen verwinkelten Gassen durchzogen.

Im kleinsten Stadtviertel San Polo liegt einer der absoluten Magneten Venedigs: die Rialto-Brücke. Der Tradition nach sollen die ersten Einwohner Venedigs genau in der Nähe der Brücke eine Siedlung gegründet haben. Trotz der Touristenmassen, die täglich ununterbrochen dorthin strömen, kann man in diesem Ortsteil noch ein Stück authentischen Alltag erleben – etwa bei einem morgendlichen Besuch auf dem Fischmarkt, der unter einem offenen Bau im neogotischen Stil mit Blick auf den Canal Grande stattfindet. In San Polo trifft man aber auch auf weitere Juwelen, wie die grandiose Kirche Santa Maria dei Frari mit ihren kostbaren Kunstschätzen oder die prunkvolle Scuola Grande di San Rocco, deren Besichtigung für Kunstliebhaber und Tintoretto-Fans ein Muss ist. Der Campo San Polo ist der größte der ganzen Stadt und bietet den Einwohnern genug Platz, ihren Alltag zu genießen. Er ist prädestiniert als bühnenreife Kulisse für Veranstaltungen und sogar Sportaktivitäten wie Schlittschuhlaufen: Ob der Autor Carlo Goldoni, der in der Nähe geboren wurde und sein eigenes Leben als eine Komödie bezeichnete, hier Inspiration für seine Theaterstücke suchte?

In diesem Kapitel:

13 Ponte di Rialto 88
14 San Giovanni Elemosinario 90
15 Fondazione Prada 90
16 Ca' Pesaro 91
17 San Stae 92
18 Palazzo Mocenigo 92
19 San Giacomo dell'Orio 93
20 San Nicola da Tolentino 93

21 Scuola Grande di San Rocco 94
22 Santa Maria Gloriosa dei Frari 95
23 Casa di Carlo Goldoni 96
24 Campo San Polo 97
Am Abend/Übernachten 98/99

ADAC Top Tipps:

5 Pescheria und Erberia
| Markt |
Nahe der Rialto-Brücke herrscht seit Jahrhunderten quirliges Treiben auf dem Fisch- und Gemüsemarkt, auf dem frische Produkte der Lagune feilgeboten werden. 89

6 Santa Maria Gloriosa dei Frari
| Basilika |
Meisterwerke von Tizian und Bellini schmücken die gigantische Basilika, in der sich unzählige weitere Schätze befinden wie das pyramidenförmige Grabmal Canovas. 95

ADAC Empfehlungen:

7 Palazzo Mocenigo
| Museum |
Das Museum veranschaulicht das Alltagsleben der venezianischen Patrizier und zeigt mit einem Parfüm-Parcours die sinnlichste Seite der Lagunenstadt. 92

8 Scuola Grande di San Rocco
| Gemäldezyklus |
Man bestaunt einen prunkvollen Gemäldezyklus von Tintoretto – insgesamt über 50 wunderschöne Bilder – in der berühmten, dem heiligen Rochus gewidmeten Scuola. 94

Rund um die Rialto-Brücke entwickelte sich das Wirtschaftsleben Venedigs

13 Ponte di Rialto

Lebhaftes Treiben herrscht rund um die bekannteste Brücke Venedigs

■ Vaporetto-Stationen Rialto und Rialto Mercato

Touristenscharen überqueren täglich die Rialto-Brücke und stehen vor den Souvenirläden, welche die mittlere Durchgangsstraße links und rechts flankieren. Oft ist das Gedränge so groß, dass man kaum passieren kann. Erreicht man aber über die äußeren Fußwege mit Balustraden den höchsten Punkt des Brückenbogens, kann man das rege Treiben am Canal Grande bestaunen. Besonders zur Geltung kommt der istrische Kalkstein der Brücke, die bis Mitte des 19. Jh. die einzige Brücke Venedigs über den Canal Grande war, am Abend und in der Nacht, wenn eine romantische und träumerische Stimmung die beleuchtete Steinbrücke umhüllt. Ursprünglich war sie jedoch aus Holz: Berühmt ist ein Gemälde von Carpaccio von 1494 mit der hölzernen Rialto-Brücke. Nach einigen Einstürzen und Bränden wurde beschlossen, eine neue Brücke aus Stein bauen zu lassen. Unter den Architekten, die am Wettbewerb teilnahmen, gewann Antonio da Ponte (nomen est omen, denn »ponte« bedeutet auf Italienisch Brücke): Er errichtete die neue Brücke mit einer einzigen Spannweite von 28 m und einer Höhe von 7,5 m zwischen 1588 und 1591. Dafür wurden knapp 12 000 Pfähle aus Ulmenholz verwendet.

Rund um die Brücke auf beiden Seiten des Kanals wimmelt es von Händlern, und auch in der Zeit der Serenissima befand sich rund um Rialto das pulsierende Handelszentrum der Stadt. Der

Ufername Riva del Vin erinnert beispielsweise heute noch an den Wein, der einst aus den Booten geladen wurde. Händler aus der ganzen Welt tauschten hier nicht nur Lebensmittel und Materialien, sondern auch wertvolle Stoffe, Parfüms, Edelsteine und Gewürze, daher heißen die Straßen »Ruga degli Orefici« und »Ruga degli Speziali« (»orefici« heißt Goldschmiede und »speziali« Gewürzhändler). Heute noch finden einer der größten Fischmärkte Italiens und ein bunter Obst- und Gemüsemarkt nahe der Brücke statt.

Sehenswert

San Giacomo di Rialto

| Kirche |

San Giacometo nennen die Venezianer die Kirche, die laut Überlieferung 421 erbaut wurde und damit das älteste Gotteshaus der Stadt wäre, sicher ist aber nur ihre Weihe im Jahre 1177. Wie durch ein Wunder brannte sie bei dem verheerenden Brand des Rialto-Viertels 1514 nicht nieder. An der Fassade fällt die große Uhr aus dem Jahre 1410 auf. Gegenüber trägt die Statue des »gobbo di Rialto« (Buckligen) von Ende des 16. Jh., eigentlich eine gekrümmte Figur, eine kleine Steintreppe auf dem Rücken: Von hier aus wurden damals Urteile und Verlautbarungen vorgelesen. Die Kirche beherbergt eine Kollektion von musikalischen Instrumenten.

■ Campo San Giacomo di Rialto, Mo–Sa 9–17 Uhr

ADAC *Spartipp*

Venedig erleben – bei einer **kostenlosen Stadtführung**, die von Einheimischen organisiert und durchgeführt wird! Kurzfristige »Fahrplanänderungen« sind jedoch nicht ausgeschlossen.
Infos dazu findet man auf www.freetourvenice.com und www.venicefreewalkingtour.com.

ADAC *Mobil*

Am Campo de la Pescheria kann man den **»traghetto«** (Gondelfähre) nehmen, um den Canal Grande zu passieren und den Campo Santa Sofia zu erreichen. Sieben solcher »stazi« (S. 183) gibt es zurzeit in Venedig (einzelne Stationen s. Klappenkarte vorne).
Mo–Sa 7.30–19, So, Fei ab 9 Uhr (Zeiten variieren), einfach 2 €

Pescheria und Erberia

| Markt |

5 *Ein sinnliches Erlebnis: der Fisch- und Gemüsemarkt*

Noch heute kaufen die Venezianer hier täglich früh am Morgen Fisch und Gemüse ein. Eine unbeschreiblich schöne Farbenpracht und ein verlockendes Angebot machen den Markt zu einem auch touristischen Anziehungspunkt: Bunt drapiertes Obst und saisonales lokales Gemüse von den Laguneninseln, wie die typischen »castraure« (violette, zarte Artischocken), verlocken zum Einkaufen, genauso wie duftende Feinkost und vielfältige Blumen. Große und kleinere fangfrische Fische, wie Thun- und Schwert- oder Stockfisch, allerlei Meeresfrüchte, Krebse, Hummer, Langusten und Seespinnen lassen auf dem Fischmarkt jedem das Wasser im Mund zusammenlaufen.

An einer Wand des 1907 im neogotischen Stil gebauten Palazzo della Pescheria gibt es eine Tafel, die die empfohlenen minimalen Größen für die verschiedenen zum Verkauf angebotenen Fische dokumentiert.

■ Campo della Pescheria und Campo delle Beccherie, Fischmarkt Di–Sa 7–13, Obst- und Gemüsemarkt Mo–Sa 8–16 Uhr

Restaurants

€ | **Osteria dai Zemei** Das »bacaro« in der Nähe der Rialto-Brücke bietet schmackhafte »cicheti«, wie Crostini, kleine Panini, Bruschette mit Fisch und Fleisch und den typischen Spritz. ■ San Polo 1045/B, Tel. 041/520 85 96

€€ | **Naranzaria** In einem alten Lager für Zitrusfrüchte werden Gerichte wie »baccalà mantecato« (Stockfischmus) aus regionalen Zutaten wie Maismehl und frischem Gemüse zubereitet. Die Tische blicken auf den Canal Grande. ■ San Polo 130, Tel. 041/724 10 35, www.naranzaria.it

€€ | **Trattoria alla Madonna** Im großen Speisesaal der typischen Trattoria genießen seit 1954 auch die Venezianer die gute Fischküche: »sarde in saor« und »granseola« gehören zu den Klassikern. ■ Calle della Madonna, San Polo 594, Tel. 041/522 38 24, www.ristorante allamadonna.com, Mi geschl.

ADAC *Mittendrin*

»Cicheti« und »ombre« unter Venezianern genießt man im **Bacaro al Ravano**. Eine große Auswahl an »tramezzini«, begleitet von einem guten Glas Prosecco erwarten die Gäste hier in entspannter Atmosphäre und bei schöner Musik. *Rughetta del Ravano, San Polo 1046, Vaporetto-Station Rialto Mercato, Tel. 329/242 51 70*

14 San Giovanni Elemosinario

Ein versteckt gelegenes Gotteshaus im Herzen des Rialto-Viertels

■ Vaporetto-Station Rialto Mercato
■ Ruga Vecchia San Giovanni, San Polo 480, www.chorusvenezia.org, Mo–Sa 10.30–13.15 Uhr, 3 €, erm. 1,50 €, oder mit Chorus-Pass

Versteckt zwischen den Gebäuden der Fabbriche Vecchie, wurde die Kirche bereits 1071 erwähnt, aber im entsetzlichen Brand des Rialto-Viertels von 1514 zerstört. Nur der spätgotische Turm überlebte. Alle Gebäude des Viertels, auch die Kirche, wurden nach den strengen Sicherheitsvorschriften mit großen Bogen wieder aufgebaut. Heute präsentiert sich die Kirche mit dem Grundriss eines griechischen Kreuzes in einer klassizistischen Renaissance-Silhouette. Das Hauptportal ist in die Bogenstruktur des Marktviertels integriert. Innen befinden sich Gemälde von Tizian und Pordenone: Laut Vasari gab es einen Wettstreit zwischen den beiden Künstlern um die Gemälde für die Kirche.

15 Fondazione Prada

Zu Besuch bei Caterina Cornaro, der letzten Königin Zyperns

■ Vaporetto-Stationen Rialto Mercato und San Stae
■ Calle de Ca' Corner, Santa Croce 2215, Tel. 041/810 91 61, www.fondazione prada.org

Der prächtige, 1724 im neoklassizistischen Stil erbaute Palast Ca' Corner

Eine feine Adresse für Kunstliebhaber: der Palast Ca' Corner am Canal Grande

della Regina am Canal Grande besticht mit einer Fassade aus istrischem Kalkstein. Er basiert auf den Ruinen eines gotischen Palastes, in dem 1454 die zukünftige Königin von Zypern, Caterina Cornaro, geboren wurde. Im Palast, der von der Stiftung Prada nach einer Sanierung 2011 erworben wurde, finden regelmäßig Ausstellungen und Kulturprojekte statt. Für die Kinder organisiert die Stiftung kostenlose Aktivitäten am Wochenende unter den Namen »Accademia dei bambini«.

16 Ca' Pesaro

Kunst aus dem 19./20. Jh. und Werke aus dem Fernen Osten

- Vaporetto-Station San Stae
- Santa Croce 20762, Tel. 041/72 11 27, www.capesaro.visitmuve.it, April–Okt. Di–So 10–18, Nov.–März bis 17 Uhr, Galleria Internazionale d'Arte Moderna und Museo Orientale 14 €, erm. 11,50 €, mit Museum Pass 24 €, erm. 18 €

In einem der schönsten und größten Barockpaläste am Canal Grande ist eine bedeutende Sammlung an Kunstwerken internationaler moderner Kunst untergebracht: Hier werden Meisterwerke von Klimt (»Salome«), Kandinsky, Klee und Rodin ausgestellt. Gezeigt werden auch Objekte aus

Gefällt Ihnen das?

Sie interessieren sich für moderne Kunst? Dann sollten Sie auch das Museum für Zeitgenössische Kunst an der **Punta della Dogana** (S. 111) besuchen und der alle zwei Jahre stattfindenden **Biennale** (S. 131) einen Besuch abstatten, die jeweils von Juni bis November dauert.

Korinthische Säulen und barocke Skulpturen zieren das Portal der Kirche San Stae

dem Orient. Der Palast von 1710 gilt als Meisterstück Baldassare Longhenas.

17 San Stae

Weiße barocke Grazie in bester Lage direkt am Canal Grande

- Vaporetto-Station San Stae
- Campo San Stae, Santa Croce, www.chorusvenezia.org, Di–Sa 13.45–16.30, Mo bis 16 Uhr, 3 €, erm. 1,50 €, oder mit Chorus-Pass

Ein wichtiger Anlaufpunkt für alle, die sich für die Kunst des 17. Jh. interessieren, ist diese Kirche, deren Fassade von Domenico Rossi 1709 entworfen wurde. Im Inneren, wo auch das Familiengrab der Mocenigos zu finden ist, spürt man den klassizistischen Einfluss Palladios. Von Giovanni Grassi mit einem einzigen Schiff entworfen, bewahrt die Kirche im Hochaltarraum Gemälde von Tiepolo, Piazzetta und Ricci.

18 Palazzo Mocenigo

7 *Das Leben der adeligen Venezianer zur Schau gestellt*

- Vaporetto-Station San Stae
- Santa Croce 1992, Tel. 041/72 17 98, www.mocenigo.visitmuve.it, April–Okt. 10–17, Nov.–März bis 16 Uhr, Mo geschl., 8 €, erm. 5,50 €, oder mit Museum Pass

Der für venezianische Verhältnisse eher unspektakuläre Palast beherbergt eine entzückende permanente Ausstellung über die Lebensweise der vornehmen Venezianer im 18. Jh. Ein Teil der Familie Mocenigo, die der Seerepublik sieben Dogen schenkte, wohnte noch vor Kurzem in diesem Palast. In den 20 Sälen des Museums zeugen Möbel, schicke Accessoires und Kostüme aus wertvollen Stoffen sowie Gemälde, welche die Taten der Familie Mocenigo zelebrieren, von der Raffinesse und dem Glanz dieser Zeit. Berauschend ist das sinnliche Erlebnis des Parcours in den sechs Sälen, die dem Parfüm und der Rolle Venedigs in der Parfümgeschichte gewidmet sind.

Eisdielen

Fontego delle Dolcezze Köstliches handgemachtes Eis und Frozen Yogurt. ■ Salizada San Stae, Santa Croce 1910, Tel. 041/72 14 24

Einkaufen

The Merchant of Venice Exklusive Parfümkollektionen der traditionellen venezianischen Parfümkunst, die auf orientalischen Gewürzen und Essenzen basiert. ■ Santa Croce 1992, Museum Mocenigo, www.themerchantofvenice.it

19 San Giacomo dell'Orio

Eine der ältesten Kirchen der Stadt an einem ruhigen, großen Campo

■ Vaporetto-Station Riva di Biasio
■ Campo San Giacomo dell'Orio, Santa Croce 1587, www.chorusvenezia.org, Mo–Sa 10.30–16.30 Uhr, 3 €, erm. 1,50 €, oder mit Chorus-Pass

Auf dem gleichnamigen, stimmungsvollen Campo erhebt sich die alte Kirche, die vermutlich im 10. Jh. gegründet und danach mehrmals umgebaut wurde. Ihre schlichte und archaische Fassade verleiht ein Gefühl der Geborgenheit. Der Glockenturm geht auf das 9. Jh. zurück. Innen zeigt die Kirche mit lateinischem Kreuz eine kielförmige Holzdecke von Anfang des 15. Jh. In der neuen Sakristei entdeckt man Ölgemälde von Veronese an der Decke, während man am Hauptaltar eine Pala von Lorenzo Lotto bewundert. Einige Säulen stammen aus den Plünderungen Konstantinopels während des Vierten Kreuzzuges 1202–1204.

Im Blickpunkt

Tatort Venedig – Commissario Brunetti ermittelt

Guido Brunetti heißt der venezianische Kommissar, der bei Donna Leons Krimifällen in der Lagunenstadt ermittelt. Seit 25 Jahren ist er inzwischen »im Dienst« – und seit 2000 auch in der ARD zu sehen. Die Inspiration für ihre Kriminalromane bekam die US-amerikanische Autorin 1992 bei einem Opernbesuch im Teatro La Fenice. Seitdem hat die Schriftstellerin, die ihre Bücher nie ins Italienische übersetzen ließ, jährlich ein Brunetti-Buch geschrieben. 2017 ist ihr 26. Brunetti-Krimi unter dem Titel »Stille Wasser« erschienen. Donna Leon wohnt heute ungefähr zehn Tage im Monat in Venedig.

20 San Nicola da Tolentino

Anmutig wie ein griechischer Tempel nahe dem Piazzale Roma

■ Vaporetto-Station Piazzale Roma
■ Campo dei Tolentini, Santa Croce 265, tgl. 8–12 und 16–19 Uhr

ADAC *Mobil*

Wer mit dem Auto in die Lagunenstadt kommt, findet am Tronchetto oder am Piazzale Roma **Parkhäuser**, nach Möglichkeit sollte man vorab einen Stellplatz reservieren. Preiswerter wird es, wenn man sein Auto auf dem Festland abstellt (s. dazu Parken S. 172).

Eine großartige klassizistische Vorhalle mit korinthischer Tempelfront, die Andrea Tirali zwischen 1706 und 1714 gestaltete, schmückt die Kirche in der Nähe des Piazzale Roma. Das Innere mit lateinischem Kreuz von Vincenzo Scamozzi ist üppig mit Stuckarbeiten, Fresken und Malereien überzogen. Bis 47 m hoch ragt der Campanile aus Ziegelstein mit Säulenbalustrade aus istrischem Kalkstein und zwiebelförmiger Kuppel empor.

Kinder

Giardini Papadopoli Der grüne und schattige Park bietet sich vor allem im Sommer als kurzer Rast- und Spielplatz an. ■ In der Nähe des Piazzale Roma

21 Scuola Grande di San Rocco

8 *Zu Besuch in der Sixtinischen Kapelle Venedigs*

■ Vaporetto-Station San Tomà
■ Campo San Rocco, San Polo 3052, Tel. 041/ 523 48 64, www.scuolagrandesanrocco.org, tgl. 9.30–17.30 Uhr, 10 €, erm. 8 €

1564 gewann Tintoretto einen Wettbewerb zur Gestaltung des Deckengemäldes der ab 1517 nach Plänen von Pietro Bon zu Ehren des Pestheiligen Rochus erbauten »Scuola«. Der Künstler präsentierte ein fertiges Gemälde (»Der heilige Rochus im Glorienschein«) und nicht den gewünschten Entwurf. Um die Proteste der Mitbewerber zu besänftigen, behauptete er, das Kunstwerk dem heiligen Rochus anbieten zu wollen. Später bekam er den Auftrag für die komplette Ausschmückung der Räume. Unvergesslich und zutiefst berührend ist die dramatische Darstellung seiner 12 x 5 m großen Kreuzigung von 1565 in der Sala dell'Albergo: An diesem Werk arbeitete er ein ganzes Jahr lang. Beeindruckend strahlt das Licht von dem Christuskörper in der Mitte des Deckengemäldes herab. Zur grandiosen, rechteckigen Sala Capitolare führt die monumentale Treppe Scarpagninos. Hier zeigen 26 prachtvolle Decken- und Wandgemälde Szenen aus dem Alten und Neuen Testament und beweisen Tintorettos Meisterschaft. Mit bereitliegenden Spiegeln kann man die Deckengemälde nah »heranzoomen«. Insgesamt beherbergt die Scuola rund 50 Werke Tintorettos, aber auch Kunstwerke von Tizian, Giorgione und Tiepolo.

Gefällt Ihnen das?

Möchten Sie sich intensiver mit Tintoretto befassen? Eines seiner berühmtesten Gemälde befindet sich in der Kirche **San Giorgio Maggiore** (S. 77). Der venezianische Maler wohnte in Cannaregio, bis heute steht sein Name an der **Casa del Tintoretto** (S. 146) nahe der Kirche **Madonna dell' Orto** (S. 145), wo ebenfalls bedeutende Tintoretto-Werke hängen.

Im Blickpunkt

Karitativ und immer repräsentativ – die Scuole Grandi

In Norditalien entstanden im 13. Jh. karitative Laienbruderschaften zu Ehren Christi, der Jungfrau Maria oder eines Schutzheiligen. Ihr Ziel waren der Kult und die gegenseitige Hilfe. Diese Bruderschaften wurden in Venedig »Scuole« genannt. Im 16. Jh. gab es über 200 solcher Scuole. Die vorherrschenden Scuole hießen Grandi, wie die mächtige Scuola Grande di San Rocco, die bis zu 500 Mitgliedern zählte: Sie finanzierten durch Spenden Bauten und deren Ausschmückung, die der Bruderschaft wiederum Glanz und Glorie versprachen. Die Arbeit der Bruderschaften war durch Statuten geregelt. Tintoretto, der Hauptkünstler des venezianischen Manierismus, war ebenfalls Mitglied der Scuola Grande di San Rocco. In Venedig gibt es insgesamt sechs Scuole Grandi: Scuola Grande di San Rocco (S. 94), Scuola Grande di San Giovanni Evangelista (S. 98), Scuola Grande dei Carmini (S. 118), Scuola Grande di San Marco (S. 137), Scuola Dalmata dei Ss. Giorgio e Trifone und die Scuola Grande Confraternita di San Teodoro.

22 Santa Maria Gloriosa dei Frari

6 *Tizians »Assunta« in der gigantischen Franziskanerkirche*

- Vaporetto-Station San Tomà
- Campo dei Frari, San Polo 3072, www.basilicadeifrari.it, www.chorusvenezia.org, Mo–Sa 9–18, So ab 13 Uhr, 3 €, erm. 1,50 €, oder mit Chorus-Pass

Bekannt als Frari (von »frati«, Brüder), thront die gigantische, der Jungfrau Maria geweihte Kirche majestätisch am gleichnamigen Campo als wunderbares Beispiel der Spätgotik. Eine erste Kirche wurde bereits 1338 von Franziskanern errichtet und durch einen größeren Bau Mitte des 15. Jh. ersetzt. Die schlichte Fassade aus Ziegelsteinen entsprach den Regeln der Franziskaner, doch im Laufe der Jahrhunderte wurde die riesige dreischiffige Kirche innen mit vielen Meisterwerken und erlesenen Kunstwerken geschmückt. So beeindrucken nicht nur die Dimensionen des 102 m langen Baus, sondern auch die vielen Kunstschätze, die er bewahrt. Vor dem imposanten Chorgestühl stockt einem der Atem angesichts der reichen Schnitzereien: Als Blickfang gilt hier das wundervolle Gemälde »Assunta« (Himmelfahrt Mariens) über dem Hochaltar, das Tizian 1516–18 im berühmten Tizian-Rot malte. Zu seinen Meisterstücken gehört auch die kürzlich restaurierte Madonna di Ca' Pesaro von 1519–26, die entgegen der damaligen Konvention an der Seite des Bildes steht. In der Sakristei hängt ein Meisterwerk der Frührenaissance: Bellinis »Madonna mit Kind und musizierenden Putten« von 1488. Zu den künstlerischen Highlights der Kirche zählen auch das Triptychon von Vivarini in der Kapelle Corner, Tizians Grabmal und das Grabmal Canovas, das wegen seiner Pyramidenform be-

Tizians »Assunta« ist eines der Meisterwerke in der riesigen Frari-Kirche

sticht. Der 69 m hohe Campanile ist der zweithöchste der Stadt nach dem von San Marco.

Einkaufen

Atelier Pietro Longhi In der Schneiderei werden seit 1994 originalgetreue Karnevals- und Theaterkostüme in Handarbeit gefertigt. ■ San Polo 2608, Tel. 041/71 44 78, www.pietrolonghi.com

23 Casa di Carlo Goldoni

Das Zuhause des Lustspieldichters Goldoni museal aufbereitet

■ Vaporetto-Station San Tomà
■ San Polo 2794, Tel. 041/72 17 98, www.carlogoldoni.visitmuve.it, April–Okt. Do–Di 10–17, Nov.–März bis 16 Uhr, 5 €, erm. 3,50 €, oder mit Museum Pass

Der gotische Palast Centanni, in dem der spätere Komödiendichter Carlo Goldoni 1707 geboren wurde, beherbergt neben einer theaterwissenschaftlichen Bibliothek ein kleines, dem berühmten Literaten gewidmetes Museum. Zur Ausstellung führt eine elegante Außentreppe, von der aus man den stimmungsvollen Innenhof mit einem schönen Löwenkopf und dem Nachdruck einer topografischen Karte aus Goldonis Zeit sieht. In drei Sälen werden von Goldonis Komödien inspirierte Theaterszenen gezeigt. Das entzückende Puppentheater im dritten Saal bezieht sich auf sein bekanntestes Bühnenstück »Der Diener zweier Herren«. Im Erdgeschoss des Palastes wurden auf der topografischen Karte von Ludovico Ughi (1729), die detailgetreu die Stadt Venedig im 17. Jh. zeigt, all die Orte markiert, wo Goldoni einst wohnte.

24 Campo San Polo

Der größte Campo Venedigs und Schauplatz zahlreicher Karnevalsfeste

■ Vaporetto-Station San Tomà
■ Chiesa San Polo, www.chorusvenezia.org, Mo–Sa 10.30–16.30, 3 €, erm. 1,50 €, oder mit Chorus-Pass

Der zweitgrößte Platz nach der Piazza San Marco, auf dem einst Stier- und Bärenhatzen sowie Maskenbälle und andere Volksfeste gefeiert wurden – und wo in der Vorweihnachtszeit eine Eislaufbahn installiert wird –, ist ein beliebter Treffpunkt der Venezianer. Hier trifft man sich zum Plausch, während Kinder auf dem Platz spielen. Er wird von vielen Lokalen und Palazzi umrahmt, darunter auch von den beiden schönen, gotischen, leicht kurvenförmigen Soranzo-Palästen. Auf dem Campo, der seinen Namen von der Kirche San Polo erhielt, werden auch heute noch viele Events, vor allem zum Karneval, veranstaltet. Die ursprünglich im 9. Jh. errichtete Kirche ist wegen des Kreuzwegzyklus aus 14 Gemälden von Tiepolo sowie einiger Werke von Tintoretto und Veronese durchaus einen Besuch wert.

Cafés

Pasticceria Rizzardini Seit 1742 genießt man in der historischen Konditorei mit typischer Holzvertäfelung Kuchenspezialitäten nach überlieferten venezianischen Rezepten und einen guten »caffè«. ■ Campiello dei Meloni, San Polo 1415, Tel. 041/5223835

Einkaufen

Fanny Klassische, modische und exzentrische bunte Handschuhe aus Leder made in Italy. ■ Calle dei Saoneri, San Polo 2723, Tel. 041/5228266

Remi e forcole Franco Furlanetto ist einer der letzten »remeri«, der venezianischen Handwerker, die Ruder und Rudergabeln bauen. In seiner Werkstatt findet man sie auch in Miniatur. ■ San Polo 2768/B, Tel. 041/5209544, www.ffurlanetto.com

Im Blickpunkt

Der Modernisierer des italienischen Lustspiels – Carlo Goldoni

Der große Theaterdichter, der auch Ermittler und Jurist war, schrieb neben 137 Komödien fünf Tragödien, 16 Tragikomödien und verschiedene Intermezzi, Libretti und Dramen. Inszeniert hat Goldoni seine Theaterstücke vorwiegend in seiner Heimatstadt, die schon damals eine perfekte Bühne dafür bot. Die Erfahrungen als Jurist halfen ihm, das »menschliche Herz« besser zu verstehen, und Anregungen bekam er ständig durch das Alltagsleben auf der Straße. Er gilt als Reformator des italienischen Theaters, denn er schrieb, oft auch im venezianischen Dialekt, Texte in der Form moderner Regiebücher mit verschiedenen, vollständig ausgeschriebenen Rollen. Auf dem Campo San Bartolomeo, im »sestiere« San Marco, thront eine Statue des lächelnden Komödienautors.

Am Abend

Rund um die Rialto-Brücke wimmelt es von kleinen Lokalen, wo man bei »cicheti« und einem guten Glas Wein den Abend ausklingen lassen kann. Oft will man nur einen Aperitif nehmen, aber in den »bacari« wird so viel Köstliches angeboten, dass man bisweilen den geplanten Restaurantbesuch streicht und einfach bleibt, bis die Tore schließen. Ansonsten ist es nach dem Abendessen einfach schön, die Kulisse der Stadt und vor allem den schön beleuchteten Canal Grande von der Rialto-Brücke aus zu bewundern, der für eine romantische Stimmung sorgt – oder noch einen Drink oder ein Eis am Campo San Polo oder Campo San Giacomo dell'Orio zu genießen.

Bühne

Il Ballo del Doge Einer der exklusivsten Maskenbälle des Karnevals wird von der Modedesignerin Antonia Sauttier im Palazzo Pisani Moretta am Canal Grande veranstaltet. ■ Ramo Pisani e Barbarigo, San Polo 2766, Vaporetto-Station S. Tomà, www.ilballodeldoge.com

Konzerte

Scuola Grande San Giovanni Evangelista Barockkonzerte und lyrische Musik in der eindrucksvollen Kulisse der Scuola Grande. ■ Campiello de la Scuola, San Polo 2454, Vaporetto-Stationen S. Tomà, Ferrovia, Tel. 041/71 82 34, www.scuolasangiovanni.it

Kneipen, Bars und Clubs

Al Mercà Leckere »cicheti«, wie Frikadellen, kleine Panini mit Füllungen z.B. aus »baccalà« (Stockfisch) und eine gute Weinauswahl. ■ Campo Bella Vienna, San Polo 213, Vaporetto-Station Rialto Mercato, Tel. 346/834 06 60, Fr, Sa bis 21.30 Uhr, So geschl.

Al Prosecco Enoiteca Die Weinbar bietet eine gute Auswahl an Prosecco und italienischen Weinen mit vielen Käse- und Salamisorten in entspanntem Ambiente. ■ Campo San Giacomo dell'Orio, Santa Croce 1503, Vaporetto-Station Riva de Biasio, Tel. 041/524 02 22, www.alprosecco.com, im Sommer bis 21 Uhr, So geschl.

Antica Osteria Ruga Rialto In der Osteria kann man Wein mit typischem Fingerfood nach der Abendessenzeit genießen. Hinter dem Lokal Tische im Freien mit Blick auf den Canal Grande. ■ Ruga Rialto, San Polo 692, Vaporetto-Station Rialto, Tel. 041/521 12 43, www.osteriarugarialto.com

Cantina Arnaldi Schöne Stimmung in der von vielen Venezianern besuchten kleinen Weinbar, mit einer guten Weinauswahl, dazu »cicheti«. ■ Santa Croce 35, Vaporetto-Stationen San Tomà, Piazzale Roma, Tel. 041/71 89 89, 11–2 Uhr, Mi geschl.

Jazz Club Novecento Nette Pizzeria mit Außenterrasse, in der an manchen Abenden Jazzkonzerte stattfinden. ■ Campiello del Sansoni, Vaporetto-Station Rialto Mercato, San Polo 900, Tel. 041/522 65 65, Mo geschl.

Übernachten

Im Stadtteil Santa Croce findet man noch Unterkünfte zu gemäßigten Preisen. In San Polo sorgen Boutique- und Charme-Hotels für romantische Aufenthalte mit Blick auf den Canal Grande, in ruhiger Lage trotz der Nähe zur Rialto-Brücke. Wenn man das Auto am Piazzale Roma parkt, erreicht man die Unterkünfte im »sestiere« Santa Croce zu Fuß.

€

Ai Tolentini Das einfache Hotel liegt in strategischer Lage ganz nahe am Piazzale Roma und verfügt über sieben Zimmer, auch mit drei Betten. ■ Calle Amai, Santa Croce 197/G, Tel. 041/275 91 40, www.albergoaitolentini.it

Al Campaniel Das B&B liegt nur eine Minute zu Fuß von der Vaporetto-Anleger San Tomà und verfügt über ruhige Einzel-, Doppel- und Dreibettzimmer sowie ein Apartment. ■ Calle del Campaniel, San Polo 2889, Vaporetto-Station San Tomà, Tel. 041/275 07 49, http://alcampaniel.tripod.com

Casa Peron Das kleine, familiär geführte Hotel bietet saubere, komfortable Zimmer mit einfachem Mobiliar. ■ Salizada San Pantalon, Santa Croce 84, Vaporetto-Station San Tomà oder Piazzale Roma, Tel. 041/71 00 21 71, http://albergo-casa-peron.all-venicehotels.com

€€

Albergo Ca' San Polo In der Nähe der Frari-Kirche gibt es in einem Palast (15. Jh.) im typisch venezianischen Stil eingerichtete Zimmer mit jedem Komfort. ■ Calle Larga Malvasia, San Polo 2696, Vaporetto-Station S. Tomà, Tel. 041/244 03 31, www.casanpolo.it

Hotel Due Fanali Traumhafter Blick auf den Canal Grande von der Terrasse aus, wo auch das Frühstück serviert wird. ■ Campo San Simeon Grande, Santa Croce 946, Vaporetto-Station Riva de Biasio, Tel. 041/71 84 90, www.aiduefanali.com

Oltre il giardino Raffinierte Zimmer im historischen Palazzo, der einst Alma Mahler und dem Dichter Franz Werfel gehörte, mit Blick auf den schönen Garten – eine echte Oase der Stille. ■ Fondamenta Contarini, San Polo 2542, Vaporetto-Station S. Tomà, Tel. 041/275 00 15, www.oltreilgiardino-venezia.com

Sogno di Giulietta e Romeo Modernes Boutique-Hotel im alten Palazzo mit eleganten Zimmern und üppigem Frühstücksbüfett. ■ Campo San Cassiano, San Polo 1858, Vaporetto-Station Mercato di Rialto, Tel. 041/71 49 55, www.sognodigiuliettaeromeo.com

€€€

Hotel l'Orologio Boutique-Hotel in der Nähe der Rialto-Brücke mit 43 eleganten Zimmern in minimalistischem Stil. Jedes Zimmer wird von dem leuchtenden Bild einer Uhr mit echtem Mechanismus geschmückt. Terrasse im vierten Stock und Frühstück mit Blick auf den Canal Grande. ■ Riva de l'Ogio, San Polo 1777, Vaporetto-Station Mercato di Rialto, Tel. 041/272 58 00, www.hotelorologiovenezia.com

Dorsoduro und Giudecca – reizende Kontraste

Romantisches Viertel mit Studenten-Flair, Kunsttempeln von Weltrang und einer ganz und gar zauberhaften Promenade

Verträumt und ziemlich still verläuft der Alltag auf der Uferpromenade Zattere. Von ihrer Spitze an der Punta della Dogana genießt man den einmaligen Ausblick auf den Dogenpalast und die Insel San Giorgio Maggiore. Die großartige Barockkirche Salute imponiert dabei an der Mündung des Canal Grande, den noch heute viele schöne Palazzi säumen: Einige beherbergen kostbare Kunstsammlungen, wie die Collezione Peggy Guggenheim oder Ca' Rezzonico. Der Stadtteil Dorsoduro, dessen Name »harter Rücken« bedeutet, bietet überraschende Kontraste und eine Reihe weiterer Highlights, wie die Gallerie dell'Accademia mit der größten Sammlung venezianischer Kunstwerke. Dorsoduro bewahrt auch historische Traditionen, wie die Festa della Salute, den Gondelbau im Squero San Trovaso oder die berühmte Regata Storica, die ihre Tribüne traditionell vor dem Palast Ca' Foscari hat. Und nicht zuletzt erlebt man hier auch das alltägliche Venedig, etwa beim Einkaufen am lebendigen Campo Santa Margherita, wo sich Venezianer, Touristen und Studenten der nahen Universität treffen. Auf der anderen Seite des Kanals erstreckt sich die Insel Giudecca, die Meisterliches, wie die Redentore-Kirche, oder außergewöhnliche Bauten, wie die einstige Mühle Stucky, mit Stolz präsentiert.

In diesem Kapitel:

25 **San Nicolò dei Mendicoli** ... 102
26 **San Sebastiano** ... 102
27 **Zattere** ... 103
28 **Squero di San Trovaso** ... 104
29 **Giudecca** ... 106
30 **Punta della Dogana** ... 111
31 **Santa Maria della Salute** ... 112
32 **Ca' Dario** ... 114
33 **Collezione Peggy Guggenheim** ... 114
34 **Gallerie dell'Accademia** ... 115
35 **Ca' Rezzonico** ... 117
36 **Ca' Foscari** ... 117
37 **Scuola Grande dei Carmini** ... 118
38 **Campo Santa Margherita** ... 119
39 **San Pantalon** ... 121
Am Abend/Übernachten ... 122/123

ADAC Top Tipps:

7 Gallerie dell'Accademia
| Gemäldegalerie |
Große venezianische Malerei vom 14. bis zum 18. Jh. wird in dem ehemaligen Konvent Santa Maria della Carità präsentiert, darunter epochale Werke von Carpaccio, Tizian, Tintoretto und Veronese. 115

ADAC Empfehlungen:

9 Zattere
| Uferpromenade |
Spazierengehen auf der Uferstraße mit Blick auf die Insel Giudecca 103

10 Fondazione Vedova
| Ausstellung |
Moderne Kunst mit Hightech-Effekt in den einstigen Salzwarenlagern. 104

11 Squero di San Trovaso
| Gondelwerft |
Den Bau einer Gondel hautnah erleben – bei einem der letzten Gondelbauer Venedigs. 104

12 Santa Maria della Salute
| Kirche |
Die achteckige barocke »Pestkirche« für die Madonna aus dem Osten ist ein architektonisches Juwel und im November das Zentrum eines spektakulären Volksfestes. 112

13 Collezione Peggy Guggenheim
| Museum |
Weltberühmte Meisterwerke der modernen Kunst sind hier in einer außerordentlichen Sammlung vertreten. 114

14 La Regata Storica
| Bootsparade |
Ein großartiges und bildgewaltiges Fest auf dem Wasser mit einem historischen Umzug und sportlichen Regatten. 117

15 La Barca
| Marktstand |
Ein Einkaufserlebnis der besonderen Art: Frisches Obst und Gemüse kauft man direkt vom Boot. 120

25 San Nicolò dei Mendicoli

Die Kirche der ersten Siedler von Venedig wurde zur berühmten Filmlocation

■ Vaporetto-Station San Basilio
■ Campo San Nicolò dei Mendicoli, Dorsoduro 1907, www.anzolomendicoli.it, Mo–Sa 10–12 und 15–17.30, So 9–12 Uhr

Auf einer kleinen Insel abseits der touristischen Routen erhebt sich eine der ältesten Kirchen Venedigs, welche die Pfarrei der Fischer und einfachen Arbeiter war. Der Überlieferung nach im 7. Jh. errichtet, als sich die ersten Siedler auf der Flucht vor den Langobarden dort niederließen, wurde sie zwischen dem 12. und 16. Jh. mehrfach umgebaut. Das für die alten Sakralbauten in Venedig typische Portal an der Nordseite stammt aus dem 15. Jh. Holzskulpturen, Säulen mit Kapitellen und verschiedene Malereien schmücken die dreischiffige Kirche, darunter auch Werke von Palma il Giovane und Schülern von Veronese. Der 26 m hohe Campanile aus Backstein wird von Lisenen verziert, die vom Boden nach oben ragen. Übrigens: Wem die Kirche irgendwie bekannt vorkommt: Hier war Donald Sutherland als Restaurator in dem Filmklassiker »Wenn die Gondeln Trauer tragen« tätig.

26 San Sebastiano

Eine Schatztruhe mit 29 Meisterwerken von Paolo Veronese

■ Vaporetto-Station San Basilio
■ Dorsoduro, Campo San Sebastiano, www.chorusvenezia.org, Mo–Sa 10.30–

Von der Fondamenta delle Zattere erblickt man die Redentore-Kirche auf Giudecca

16.30 Uhr, 3 €, erm. 1,50 €, oder mit Chorus-Pass

Betritt man die Kirche aus dem 16. Jh., bekommt man den Eindruck, sich in einer Ausstellung von Veronese zu befinden, so zahlreiche farbenprächtige Kunstwerke von ihm sind hier zu bewundern. Trotzdem verirren sich nur vergleichsweise wenige Besucher hierher. Einst gab es an dieser Stelle ein Oratorium der Kongregation des heiligen Hieronymus, das zur Kirche umgestaltet und zwischen 1506 und 1548 umgebaut wurde. Ab 1555 verzierte der Meister der Spätrenaissance die Decke der Sakristei mit Szenen aus dem Alten Testament und die Kirchendecke mit Motiven aus dem Buch Esther. Zwischen 1558 und 1559 malte er die Fresken im oberen Teil des Mittelschiffes u.a. mit Episoden aus dem Leben des heiligen Sebastian. 1570 fertigte er das Altarbild »Maria in Glorie«. Veronese, eigentlich Paolo Caliari, ist in der Kirche begraben.

27 Zattere

9 *Sonniger Laufsteg der Venezianer mit Blick auf Giudecca*

■ Vaporetto-Stationen San Basilio, Zattere und Zattere Spirito Santo

Zu jeder Jahreszeit ist es angenehm, auf der sonnigen Fondamenta delle Zattere spazieren zu gehen oder auf einer Bank die Leute zu beobachten, die auf der breiten und längsten Uferstraße der Stadt flanieren, und die großen Schiffe, die auf dem Kanal der Giudecca fast schläfrig vorbeifahren. Hier machen auch die Venezianer gerne einen Spaziergang: Mütter mit Kindern, Rentner, die sich zum Plaudern treffen, Studenten der nahe gelegenen Universität, die sich eine Pause gönnen. Früh am Morgen oder gegen Abend sind hier Jogger unterwegs, am Abend genießt man einen wunderschönen, romantischen Sonnenuntergang. Die lange Uferpromenade erstreckt sich von San Basilio bis hin zur Punta della Dogana und ist von Cafés, Restaurants und schönen Palazzi gesäumt: Einige zeigen am oberen Geschoss balkonartige, mit Pflanzen und Blumen verzierte Vorbauten, die »altane«. Die Fondamenta delle Zattere, die 1519 erbaut wurde, verdankt ihren Namen den Flößen (ital. »zattere«), die auf der Etsch über die Dolomiten kommend hier mit Holz beladen ankerten.

Sehenswert

Palazzo delle Zattere

| Ausstellung |

Nach drei Jahren Restaurierungsarbeiten hat der Palast aus dem 19. Jh., den die russische Stiftung VAC-Foundation exklusiv für 18 Jahre in Pacht genommen hat, seit Mai 2017 wieder geöffnet. Auf vier Etagen und einer Fläche von etwa 2000 m² werden Kunstausstellungen gezeigt. Für die Renovierung hat Architekt Alessandro Pedron Materialien der venezianischen Bautradition, wie den weißen Kalkstein aus Istrien, das Lärchenholz und nicht lackiertes Eisen und Stahl, verwendet.

■ Zattere, Dorsoduro 1401, www.v-a-c.ru, tgl. außer Mi, 11–17, Fr bis 21 Uhr, Eintritt frei

Santa Maria del Rosario (Gesuati)

| Kirche |

Das Gotteshaus an der Uferstraße gegenüber der Kirche Il Redentore auf der Insel Giudecca zeigt sich in klassizistischem Stil. Die Dominikaner beauftragten 1726 den Architekten Giorgio Massari mit dem Bau. Auf einer dreigeteilten Fassade mit riesigen Säulen thronen vier Statuen der Tugenden in ihren Nischen. Im hellen Inneren bestechen die drei großen farbenfrohen Deckenfresken von Tiepolo und Werke von Piazzetta und Ricci.

■ Fondamenta delle Zattere ai Gesuati, Dorsoduro 917, www.chorusvenezia.org, Mo–Sa 10.30–16.30 Uhr, 3 €, erm. 1,50 €, oder mit Chorus-Pass

Fondazione Vedova

| Ausstellung |

10 *Zeitgenössische Kunst im alten Salzwarenlager*

In den alten Magazzini del sale (Salzwarenlager) nahe der Punta della Dogana hatte der venezianische Künstler Emilio Vedova (1919–2006), der lange auch in Berlin tätig war, sein Atelier. Nach seinem Tod beauftragte die Stiftung von Emilio und seiner Frau Annabianca Vedova den Stararchitekten Renzo Piano, die Räumlichkeiten in einen permanenten Ausstellungsraum zu verwandeln. Der Raum wirkt in seiner minimalistischen Form wie eine Bühne: Piano hat die Wände aus Backstein sowie die Hängewerke beibehalten und den Fußboden mit Dauben aus Lärche belegt, die leicht schräg liegen, um die perspektivische Wirkung zu betonen. Im Eingangsbereich gibt es mit dem gleichen Holz bezogene Wände. Am Ende des beeindruckenden Saals hat der Architekt, der ein enger Freund von Vedova war, einen speziellen Mechanismus installiert: An einer Schiene an der Decke hängen Arme, die in einer Box enthaltene großformatige Gemälde durch den Raum gleiten lassen und in der besten optischen Position für den Besucher präsentieren. Der Raum beherbergt eine permanente Schau von Vedovas Werken und sechs Monate im Jahr die Ausstellung eines weiteren Künstlers, kann aber auch für Veranstaltungen, Konferenzen und Konzerte gemietet werden.

■ Calle dello Squero, Dorsoduro 42, Vaporetto-Stationen Zattere, Spirito Santo, Accademia und Salute, Tel. 041/522 66 26, www.fondazionevedova.org, Eintritt abhängig von der Ausstellung

Eisdielen

Gelati Nico Ein »gianduiotto« (Eis mit Gianduia-Geschmack, versunken in geschlagener Sahne) oder eine der vielen anderen Eissorten der historischen Eisdiele zählt zu den unverzichtbaren Leckereien auf den Zattere.

■ Fondamenta al Ponte Longo, Dorsoduro 922, Tel. 041/522 52 93, www.gelateria nico.com

28 Squero di San Trovaso

11 *Ein malerischer Ort für den traditionellen Gondelbau*

■ Vaporetto-Stationen Zattere und Accademia

■ Fondamenta Bonlini, Dorsoduro 1097, Tel. 041/523 77 62, Besuch nur nach Vereinbarung

An den Rampen des »squero« Tramontin am Rio San Trovaso liegen immer Gondeln: Hier werden sie nach wie vor per Hand gebaut, restauriert oder neu gestrichen. Seit 1884 befindet sich die im alpinen Baustil errichtete Gondel-

Im Blickpunkt

Das Symbol der Lagunenstadt – die Gondel

Schlank, leicht und kiellos ist das Symbol Venedigs. Seit über tausend Jahren gleitet die faszinierende »gondola« mit ihrer asymmetrischen Form lautlos durch das Wasser. Im 14. Jh. fuhren über 10 000 Gondeln durch die Kanäle der Stadt. Der venezianische Senat bestimmte bereits 1562 ihr schwarzes glänzendes Aussehen mit Ausnahme des Seepferdes und des metallenen Bugbeschlages. Unverändert ist auch die Fahrweise der Gondolieri, die sich heute mit gestreiftem Pulli, schwarzer Hose und geschmücktem Strohhut kleiden. Wichtige Bestandteile des antiken Transportmittels sind die »forcola« (Rudergabel), die bis zu acht unterschiedliche Manöver ermöglicht, die langen Ruder aus Buchenholz und der »ferro« (Bugbeschlag): Das elegante kammförmige Metallstück am Bug symbolisiert die sechs »sestieri« unter dem Dogenhut.
Tel. 041/528 50 75, www.gondolavenezia.it, Gondelfahrt für max. 6 Personen, 35–40 Min. 80 €, 19–4 Uhr 100 €, mit musikalischer Untermalung wird es noch teurer

werkstatt am Rio: Sie ist, wie in den Bergen, mit roten Geranien am Balkon geschmückt. Das erinnert an die Herkunft des Holzes für die Gondeln und an die »maestri d'ascia« (Gondelbauer), die aus der Cadore-Region in den Dolomiten stammten. Vervollständigt wird die pittoreske Ecke durch die grünen Bäume im Hintergrund und die helle Kirche San Trovaso als Kontrast nebendran: Das Ganze ist ein malerisches Motiv, das jeden Spaziergänger in seinen Bann zieht.
Vom Ufer gegenüber, der Fondamenta Nani, hat man den besten Blick auf die Werft, die faszinierenden pechschwarzen Gondeln und deren Erbauer bei der Arbeit. Oft trifft man auf Hobbymaler, die mit Pinsel und Staffelei stundenlang hier verweilen, um diesen Ort zu verewigen. Bei Sonnenuntergang wird die Fondamenta von vielen Leuten bevölkert, die den Feierabend bei traditionellen »cicheti« und mit romantischem Blick auf die Werft zelebrieren.

Restaurants

€ | Cantine del vino, già Schiavi Die Weinkellerei, die über 500 Weine anbietet, präsentiert sich auch als typisches »bacaro« mit schmackhaften Häppchen und einem guten Hauswein. Da keine Sitzplätze vorhanden sind, lehnen sich die Leute zum Aperitif an die Mauer oder setzen sich auf die Brücke San Trovaso. ■ Dorsoduro 992, Tel. 041/523 00 34, www.cantinaschiavi.com, Mo–Sa 8.30–20.30 Uhr

€€ | Antica Locanda Montin Viele Persönlichkeiten, wie der Nobelpreisträger Joseph Brodsky, haben hier gerne verweilt. Serviert wird die typische Küche Venedigs, mit »cozze alla veneziana« (Muscheln) oder »fritto di scampi und moeche«. Das Restaurant mit entzückendem Garten im Hinterhof bietet individuelle Kochkurse und verfügt über einige Zimmer. ■ Fondamenta Borgo, Dorsoduro 1147, Tel. 041/52 71 51, www.locandamontin.com, Nov.–April Mi geschl.

29 Giudecca

Auf der einstigen »Insel der Verbannten«

Von der Uferpromenade auf der Giudecca schweift der Blick bis zum Markusplatz

i Information

- Vaporetto-Stationen Zitelle, Redentore, Palanca, Molino Stucky (Giudecca Hilton) und Sacca Fisola
- Parken: siehe S. 172

Ruhig, fast verträumt wirken die acht kleinen Inseln, die zusammen die lang gestreckte Insel Giudecca gegenüber der Fondamenta delle Zattere bilden. Getrennt von der Stadt durch den breiten gleichnamigen Kanal, war Giudecca, die wegen ihrer Form ursprünglich »spinalonga« (langes Rückgrat) hieß, einst Ort der Verbannung. Politisch unerwünschte Personen wurden bereits ab dem 9. Jh. hierher, auch in Klöster, verbannt. Daher wollen einige den Inselnamen vom Wort »giudicati« (Verurteilte) ableiten – andere meinen, dass der Name auf die »giudei« (Juden) zurückgeht, die im 13. Jh. auf der Insel lebten. Reiche Venezianer ließen später Sommerresidenzen mit üppigen Gärten, Weinbergen und exotischen Pflanzen und Blumen hier errichten. Mit der Industrialisierung wurden die grünen Oasen durch Fabriken und Werkstätten ersetzt, wie das imposante Gebäude Molino Stucky. Doch vor allem der westliche Teil der Insel, Sacca Fisola, ist heute ein von Parkanlagen geprägtes Wohngebiet.

Plan S. 108

Überall auf der Insel verstecken sich hinter verschlossenen Toren gepflegte und blühende Gemüsegärten. Bei einem Spaziergang entlang der langen Uferpromenade hat man einen herrlichen Blick auf die Zattere, die Punta della Dogana bis hinauf zur Piazza San Marco. Auf der anderen Seite der südlich der Stadt gelegenen Insel erlebt man dagegen die Faszination des offenen Meers. Neben glanzvollen Meisterwerken, wie der Kirche Redentore, zeigt Giudecca auch das normale Alltagsleben ohne Touristen. Kulturell noch vor wenigen Jahren verschlossen, bildet sich hier inzwischen eine umtriebige kulturelle Szene.

Von Giudecca aus sieht man die 1870 künstlich gebaute, über 16 ha große Insel Sacca Sessola, die heute als Isola delle Rose bekannt ist. 2015 hat ein Luxushotel dort geöffnet und somit die Insel zu neuem Leben erweckt.

Sehenswert

a Le Zitelle

| Kirche |

Vermutlich stammt auch der Entwurf für diese Kirche von Andrea Palladio. Sie heißt eigentlich Santa Maria della Presentazione und wurde ungefähr in der gleichen Zeit wie die Kirche Redentore, also zwischen 1581 und 1588, erbaut. Einst Stift für sehr arme Mädchen, wird die Kirche heute von der Fondazione Venezia Servizi verwaltet und dient u. a. als Ausstellungsort.

■ Fondamenta delle Zitelle 33, www.gioiellinascostidivenezia.it, Besuch nach Vereinbarung per E-Mail über booking@fondazionevenezia servizi.it

ADAC *Mittendrin*

Bei der **Festa del Redentore**, die an die Befreiung von der Pest (1575–77) erinnert und jeweils am dritten Sonntag im Juli stattfindet, versammeln sich Hunderte von Booten im San-Marco-Becken. An Bord beginnt dann ab dem Nachmittag eine große Party: Man isst »cicheti« und trinkt eine »ombra« zusammen. Eine halbe Stunde vor Mitternacht wird ein spektakuläres Feuerwerk entzündet.

b Casa dei Tre Oci

| Ausstellung |

Das einzigartige Haus des Künstlers Mario De Maria von 1913 wurde im Jahre 2000 von der Fondazione di Venezia erworben und nach einer kompletten Restaurierung 2012 für das Publikum geöffnet. Heute ist das bezaubernde Gebäude im Jugendstil mit venezianischen Einflüssen und den unverwechselbaren drei »Augen« (auf Venezianisch »oci«: Damit sind die Fenster gemeint) Synonym für die Fotografie-Kultur. Hier dreht sich alles um Fotografie, und es finden regelmäßig Ausstellungen, Workshops und Seminare statt. Von hier aus hat man einen schönen Blick auf den Dogenpalast.

■ Fondamenta delle Zitelle 43, Tel. 041/ 241 23 32, www.treoci.org

c Redentore

| Kirche |

Zum Dank für die Befreiung Venedigs von der verheerenden Pest (1576–77) begann man 1577 mit dem Bau der Kirche Il Redentore (der Erlöser) nach Entwürfen von Andrea Palladio. Ihr klassizistischer Stil besticht durch die Eleganz der harmonischen Proportionen. Die typische Palladio-Fassade mit Tympanon, Säulen und Kapitellen wirkt fast wie ein antiker Tempel, während das Innere wegen seiner klaren Schlichtheit überzeugt. Verziert wird die Pestkirche, deren Bau ab 1580, nach Palladios Tod, von Andrea da Ponte fortgeführt und 15 Jahre später vollendet wurde, von einigen interessanten Kunstwerken von Veronese, Guardi und Tintoretto. Berühmt ist das Renaissance-Bauwerk aber wegen des alljährlichen Redentore-Festes im Juli (S. 107). Dann wird für die Teilnehmer der Prozession eine Ponton-Brücke über den Giudecca-Kanal geschlagen, Konzerte, Messen und ein Feuerwerk bilden den festlichen Rahmen.

■ Campo del Santissimo Redentore, www.chorusvenezia.org, Mo–Sa 10.30–16.30, 3 €, erm. 1,50 €, oder mit Chorus-Pass

Kein Besuchermagnet, aber dennoch sehenswert: die Kirche Sant' Eufemia

d Sant' Eufemia

| Kirche |

Die älteste Kirche auf Giudecca, die 1371 eingeweiht wurde, geht wahrscheinlich sogar auf das 9. Jh. zurück. Die Säulen des Portikus stammen aus dem 16. Jh.: Sie gehörten zu einer alten Kirche, die abgerissen wurde, um Platz für die Mühle Stucky zu bekommen. Im venezianisch-byzantinischen Stil zeigt die Kirche über dem Hauptportal das schöne Relief einer Madonna mit Putto zwischen der heiligen Eufemia und dem heiligen Rochus. Die Kirche blickt direkt auf den Giudecca-Kanal.

■ Fondamenta Sant' Eufemia 679

e Molino Stucky

| Industriedenkmal |

Am Inselende imponiert die großartige ziegelrote Silhouette der neunstöckigen Stucky-Mühle, die an die norddeutsche Bauweise aus Backstein erinnert und die zum Wahrzeichen der Giudecca geworden ist. Tatsächlich wurde die Mühle des schweizerischen Unternehmers Giovanni Stucky von einem deutschen Architekten 1884 entworfen. Anfang des 20. Jh. arbeiteten hier bis zu 1500 Leute im Schichtbetrieb rund um die Uhr, um 50 t Mehl täglich herzustellen. Stucky wurde 1910 auf mysteriöse Art ermordet. 1955 geschlossen, wurde die Mühle 2007 als Luxushotel Hilton Stucky Venice geöffnet: Von der Terrasse im obersten Stock genießt man die atemberaubende Skyline Venedigs.

■ Giudecca 810

Restaurants

€ | La Palanca Direkt am Ufer liegt das kleine Restaurant mit Blick auf die Zattere. Leckere Fischküche im entspannten Ambiente: Das Tatar aus

Thunfisch ist ein Muss. ■ Giudecca 448, Tel. 041/528 77 19, So geschl., Plan S. 108 b2

€€ | Trattoria Altanella Fast versteckt, bietet das seit vier Generationen von der Familie Stradella geführte Fischrestaurant typische Hausmannskost und eine Terrasse mit Blick auf den Kanal. ■ Giudecca 268, Tel. 041/522 77 80, Mo und Di geschl., Plan S. 108 b2

€€€ | Chic-nic by JW Mariott Venice Ein entspanntes und außergewöhnliches Picknick im jahrhundertealten Park der privaten Isola delle Rose – mit eigenem Shuttleboot von San Marco. ■ Isola delle Rose, Tel. 041/852 13 00, www.jwvenice.com, Plan S. 108 südl. b3

Einkaufen

Bio-Markt Lokaltypisches Gemüse aus dem 6000 m² großen Bio-Gemüsegarten des Frauengefängnisses auf Giudecca, wo verschiedene Gemüse-, Obst-, Blumen- und Kräutersorten angebaut werden. Es handelt sich um ein soziales Projekt der Genossenschaft Rio Terà dei Pensieri, die die Resozialisierung der Gefangenen und die Wiederbelebung der alten traditionellen Gemüseproduktion auf der Insel anstrebt. Übrigens: Von den Häftlingen hergestellte Beauty-Produkte, Accessoires und Taschen werden im Laden Malefatte in San Polo verkauft (www.malefattevenezia.it). ■ Vor dem Gefängnis, Giudecca 712, www.rioteradeipensieri.org, Do ab 9 Uhr, Plan S. 108 a2

Kinder

Die antike Kunst der Papierherstellung Ein Erlebnis für die ganze Familie bietet die Werkstatt, in der das Papier wie in der Vergangenheit noch hand-

Sie finden immer Käufer: die Produkte aus dem Bio-Garten des Frauengefängnisses

geschöpft wird. In der schönen Kulisse des ehemaligen Kreuzganges SS. Cosma und Damiano. ■ Ex Convento Ss Cosmae Damiano, Giudecca 620, Tel. 041/483 04 69, www.vivovenetia.com, Mo–Fr, Dauer 30 Min., 10 €, Kinder bis 10 J. frei, Reservierung notwendig, Plan S. 108 a2

Events

Festa del Redentore Am dritten Sonntag im Juli verbindet eine 334 m lange und 3,6 m breite Pontonbrücke aus Holz und Stahl die Kirche mit der gegenüberliegenden Fondamenta delle Zattere. Sie stützt sich auf 34 Boote und wird von 140 Lampen beleuchtet. Auf ihr passieren eine von den Zattere kommende, prächtige religiöse Prozession und die Gläubigen den Kanal, um die Votivkirche zu besuchen. Unzählige, mit bunten Lampions und Girlanden geschmückte Boote kommen bereits am Samstag früh hierher und warten auf das grandiose Feuerwerk am Becken von San Marco, das kurz vor Mitternacht die ganze Lagune wie bei Tageslicht ausleuchtet.

30 Punta della Dogana

Am ehemaligen Zollamt spektakulärer Blick und Kunst der Gegenwart

■ Vaporetto-Station Salute
■ Dorsoduro 2, Tel. 041/200 10 57, www.palazzograssi.it, Mi–Mo 10–19 Uhr, mit Palazzo Grassi 18 €, erm. 15 €

Von der vorgelagerten Spitze des Stadtteils Dorsoduro hat man ein unvergleichbares Panorama vor sich: das Becken von San Marco, die Riva degli Schiavoni, die Insel San Giorgio Maggiore und einen Teil der Giudecca. Genau an dieser dreieckigen Spitze, die von oben wie ein Schiffsbug aussieht, befindet sich das Gebäude der alten Meereszollstation (Dogana de mar) – seit 1682 in der aktuellen Form. Auf dem ehemaligen Hauptzollamt imponiert ein von zwei bronzenen Atlanten getragener goldener Globus, der von der schönen Figur der Fortuna als Wetterfahne geschmückt wird. Das vom japanischen Architekten Tadao Ando neu gestaltete Innere des alten

Im Blickpunkt

Bald Geschichte? Kreuzfahrtschiffe in der Lagune

Ab und zu sieht man halb fasziniert, halb erschrocken die riesigen Kreuzfahrtschiffe den Giudecca-Kanal entlanggleiten. Nachdem nicht nur viele Venezianer und Umweltorganisationen, sondern auch das Weltkulturerbe-Komitee der UNESCO das Aus für große Schiffe in der Lagune forderten, dürfen nur noch Kreuzfahrtschiffe bis 96 000 Tonnen hier passieren. Die bürgerliche Initiative »Comitato No Grandi Navi« organisierte 2017 ein (nicht rechtsverbindliches) Referendum gegen die großen Schiffe in der Lagune. Knapp 18 000 Bewohner der Innenstadt gaben ihre Stimmen ab, 99 % waren für das Verbot. Um das Becken von San Marco und den Giudecca-Kanal zu schonen, hat das italienische Verkehrsministerium im November 2017 den Stopp für alle großen Schiffe binnen drei bis vier Jahren angekündigt.

Gebäudes, das zusammen mit dem Palazzo Grassi der Pinault-Stiftung gehört, wurde 2009 als Zentrum für die zeitgenössische Pinault-Kunstkollektion eröffnet. Wenn keine Schau stattfindet, wird das Zentrum für Events benutzt.

Events

Vogalonga Die Ruderveranstaltung, die zwischen Mai und Juni stattfindet, wurde das erste Mal 1975 organisiert, um das typische Rudern im Stehen »alla veneta« zu retten. Ursprünglich ein Wettkampf, ist die Vogalonga inzwischen zu einem großartigen Volksfest geworden. Tausende Teilnehmer aus der ganzen Welt rudern oder paddeln die Rundstrecke über 30 km mit verschiedensten Booten. Sie startet am Markusbecken, schlängelt sich durch die Lagune und die Stadt und endet an der Punta della Dogana. ■ www.vogalonga.com

Volksfeststimmung herrscht rund um den Ruderwettbewerb Vogalonga

31 Santa Maria della Salute

12 *Ein Meisterwerk des Barock zu Ehren der byzantinischen Madonna*

■ Vaporetto-Station Salute
■ Campo della Salute, www.basilicasalutevenezia.it, tgl. 9.30–12 und 15–17.30 Uhr; Sakristei (Museum) 10–12 und 15–17, So nur 15–17 Uhr, 4 €, erm. 2 €

Die weiß verputzte Barockkirche an der Mündung des Canal Grande thront mit ihren zwei Monumentalkuppeln über einer Freitreppe aus 16 Stufen und zieht alle Blicke auf sich: Gigantisch wirkt sie vom Vaporetto aus und sehr romantisch beim Sonnenuntergang von dem Ponte dell'Accademia. Sie wurde zum Dank für die Befreiung von der Pest und zu Ehren der Jungfrau Maria zwischen 1631 und 1687 von dem Architekten Baldassare Longhena erbaut, der ihre Vollendung aber nicht mehr erlebte. Longhena kannte sich angeblich mit den Kabbala-Zahlen aus, denn die Zahlen 8 und 11 wiederholen sich in der Architektur des Gotteshauses.

So prunkvoll das Äußere der Kirche mit zahlreichen Voluten, Statuen und Balustraden verziert ist, umso nüchterner wirkt das Innere, das aus einem achteckigen Raum besteht. Den Blick ziehen hier der Marmorfußboden, die zentrale majestätische, lichtspendende Kuppel, die von riesigen Säulen getragen wird, und der Hochaltar an. Die Sakristei erweist sich dagegen als

Sie entstand nach einem Pestgelöbnis: die Barockkirche Santa Maria della Salute

echte Schatzkammer, denn sie bewahrt 13 Werke Tizians und auch das berühmte große Ölgemälde »Die Hochzeit zu Kana« von Tintoretto auf. Es handelt sich mehr um einen Votivtempel als um eine Kirche, denn seit über 300 Jahren kommen Pilger hierher, um die schwarze Madonna, die 1670 aus Candia nach Venedig gebracht wurde, am kolossalen Hauptaltar aus Marmor zu ehren.

Restaurants

€€ | Ristorante Cantinone Storico Mit Blick auf einen malerischen Rio überzeugt das traditionsreiche Fischrestaurant mit fein zubereiteten Fischgerichten, wie »zuppa di pesce« oder »seppie al nero« mit Polenta. Brot und Pasta sind selbst gemacht. ■ Fondamenta di Bragadin, Dorsoduro 661, Tel. 041/523 95 77, www.cantinonestorico.it

Einkaufen

Venetia Studium Nahe der Kirche La Salute entdeckt man wertvolle und faszinierende Stoffe mit ausgesuchten Mustern, Lampen und Accessoires. Das Hauptgeschäft liegt in S. Marco 2425. ■ Calle del Bassion, Dorsoduro 180/a, Tel. 041/523 69 53, www.venetiastudium.com

Events

Am 21. November findet die großartige Festa della Salute statt. Eine Pontonbrücke überspannt dann den Canal Grande zwischen der Kirche und Santa Maria del Giglio, um den Gläubigen den Zugang zur Kirche zu erleichtern: Zu Tausenden strömen die Menschen den ganzen Tag mit geweihten Kerzen zum Hochaltar. Traditionell speist man zum Fest das typische Gericht »castradina« aus Hammelfleisch.

32 Ca' Dario

Prächtiger Palazzo am Canal Grande mit düsterer Geschichte

■ Vaporetto-Station Salute
■ Campiello Barbaro, Dorsoduro 352

Wenn man mit dem Vaporetto den Canal Grande befährt, bewundert man die exzentrische Fassade dieses Palastes der venezianischen Frührenaissance. Die bunten Marmorintarsien im lombardischen Stil erinnern an die Kirche Santa Maria dei Miracoli. Auf dem schönen Palast scheint jedoch ein alter Fluch zu liegen: Viele seiner Inhaber und Bewohner waren von unglücklichen und tragischen Ereignissen betroffen. Claude Monet hinterließ übrigens wunderbare Gemälde des Palastes.

33 Collezione Peggy Guggenheim

13 *Ein Muss für Liebhaber der modernen Kunst*

■ Vaporetto-Stationen Accademia und Salute
■ Palazzo Venier dei Leoni, Dorsoduro 701, Tel. 041/240 54 11, www.guggenheim-venice.it, Mi–Mo 10–18 Uhr, 15 €, erm. 13 € und 9 €, Kinder bis 10 Jahre frei

Der Palazzo Venier dei Leoni war das Zuhause der bekanntesten Kunstsammlerin und Mäzenin des 20. Jh.: Peggy Guggenheim. Heute gehört er zusammen mit seiner Kunstkollektion der Stiftung Solomon R. Guggenheim. Der exzentrischen US-amerikanischen Muse, die in Venedig verliebt war und den weißen Palazzo 1949 kaufte, ist die hochkarätige Sammlung von europäischer und amerikanischer Kunst der Moderne bis zu den 80er-Jahren des 20. Jh. zu verdanken. Wunderbare Werke von weltberühmten Künstlern wie Pablo Picasso, Wassily Kandinsky, Max Ernst, Paul Klee, Piet Mondrian, Jackson Pollock, Giacomo Balla und Giorgio de Chirico sind unter dem Dach des Palazzo »incompiuto« (unvollendet), der nie über das Erdgeschoss hinauswuchs, untergebracht. Vom Kubismus über Futurismus bis hin zum amerikanischen abstrakten Expressionismus: Hier finden Kunstliebhaber einen umfassenden Überblick über die moderne Kunst. Der Palazzo öffnet sich zum Canal Grande mit einer schönen Terrasse, auf der man gerne verweilt. Stellenweise verzieren skurrile Skulpturen das Haus sowie den inneren Garten (Nasher Sculpture Garden), von dem aus man den Zugang zu einem Café und dem Museumsshop hat. Die großen hellen und nüchternen Räumlichkeiten und die modernen Meisterwerke bieten ein Kontrastprogramm zu den unzähligen Kunstwerken der venezianischen Renaissance.

Einkaufen

Museumsshop Bücher, Kataloge, Poster und viele Objekte und Accessoires, welche die Meisterwerke der Moderne wiedergeben. ■ Museum Guggenheim, Fondamenta Venier dei Leoni, Dorsoduro 710, Tel. 041/240 54 22

Kinder

Kids Day Kostenlose Workshops für Kinder von 4–10 Jahren, damit sie auf spielerische Art die Kunst der Moderne kennenlernen. ■ Museum Guggen-

Ein Tempel der modernen Kunst: die Collezione Peggy Guggenheim

heim, www.guggenheim-venice.it, Reservierung notwendig, Tel. 041/24 05 444/401, So 15–16.30 Uhr

34 Gallerie dell'Accademia

7 *Die bedeutendste Gemäldesammlung venezianischer Kunst*

■ Vaporetto-Stationen Accademia und Zattere

■ Dorsoduro 1050, Campo della Carità, Tel. 041/520 03 45, www.gallerieaccademia.org, Di–So 8.15–19.15, Mo bis 14 Uhr, 12 €, erm. 6 €, bis 18 Jahre frei

Bereits seit 1807 bewahrt das Ensemble der 1343 gegründeten Scuola Grande di Santa Maria della Carità die weltgrößte Sammlung venezianischer Kunstwerke. Zu diesem Gebäudekomplex gehören die ehemalige Kirche Santa Maria della Carità und das von Palladio entworfene Kloster Canonici Lateranensi. In 24 Sälen wird das Beste aus fünf Jahrhunderten Malerei in Venedig gezeigt. Darunter befinden sich weltbekannte Meisterwerke wie »Das Gewitter«, das Giorgione um 1507 malte, der Sankt-Ursula-Zyklus von Vittore Carpaccio, »Die Entführung des heiligen Markus« von Tintoretto von 1562 oder das Porträt eines Adeligen um 1525 von Lorenzo Lotto. Hauptwerke der frühen Renaissance von Bellini oder Mantegna sowie Glanzstücke der Hochrenaissance, wie Veroneses »Gastmahl im Hause des Levi« von 1573, schmücken die Sammlung, die auch Kunstwerke der Barockzeit von Zuccarelli, Ricci und Tiepolo und zarte Veduten, wie die von Francesco Guardi, ausstellt. Vor Tizians »Mariä Tempelgang« (Öl auf Leinwand, 1534–1538) bleibt man gefesselt ste-

Glanzlichter venezianischer Malerei sind in den Gallerie dell'Accademia ausgestellt

hen, so voller Grazie ist die kleine Maria, welche die Treppen zum Tempel hinaufsteigt.

Sehenswert

Ponte dell' Accademia
| **Brücke** |
Die Kunstsammlung gibt ihren Namen auch dem Ponte dell'Accademia, einer der vier Brücken, die den Canal Grande überspannen. Die Holzbrücke aus einem einzigen Bogen wurde 1933 vom Ingenieur Miozzi anstelle der vorherigen Eisenbrücke, die Alfredo Neville 1854 gebaut hatte, eingeweiht. Die Brücke, die eigentlich nur als Übergangslösung gedacht war, verbindet noch heute Dorsoduro mit San Marco und bietet einen wunderschönen Ausblick auf die Kirche della Salute und den Canal Grande.

ADAC *Spartipp*

Am **ersten Sonntag im Monat** ist der Eintritt in die Gallerie dell' Accademia, wie in alle staatlichen Museen Italiens, frei.

Restaurants

€€ | **San Trovaso** Im versteckten und ruhigen Restaurant mit Garten wird eine gute typische Fischküche angeboten wie »grigliata« oder »baccalà« (Stockfisch) und Polenta. ■ Calle Larga Nani, Dorsoduro 967, Tel. 041/523 08 35, www.ristorantesantrovaso.it

Einkaufen

Libreria Toletta Für Leseratten lohnt sich ein Besuch im größten Buchladen der Stadt, der 1933 eröffnet wurde und noch heute sein altmodisches Flair ausstrahlt. ■ Calle della Toletta, Dorsoduro 1214, Tel. 041/523 20 34, Mo–Sa 9–19.30, So 15–19 Uhr

35 Ca' Rezzonico

Alltagsszenen aus dem Venedig des 18. Jahrhunderts

■ Vaporetto-Station Ca' Rezzonico
■ Fondamenta Rezzonico, Dorsoduro 3136, Tel. 041/241 01 00, www.carezzonico.visitmuve.it, Mi–Mo 10–18/17 Uhr, 10 €, erm. 7,50 €, oder mit Museum Pass

Im klassizistischen Palazzo am Canal Grande, den Longhena entwarf und der erst 1758 von Giorgio Massari zu Ende gebaut wurde, ist das entzückende Museo del Settecento Veneziano untergebracht. Malereien, Stuckarbeiten und Fresken, aber auch Keramik, Teppiche und Accessoires dokumentieren den ehemaligen venezianischen Alltag. Rote Tapeten aus Samt verzieren die Sala del Trono mit Tiepolos Deckenfresken »Würde und Tugend« im ersten Stock, während im zweiten Stock in der Sala del Parlatorio zwei berühmte Gemälde Francesco Guardis präzise typische Szenen des eleganten venezianischen Lebens dokumentieren. Ausgestellt wird auch eine Schärpe mit Spitzenrand aus dem 18. Jh., die Carlo Rezzonico gehörte. Er wurde im Jahre 1758 als Clemens XIII. zum Papst ernannt.

Kinder

Museo on demand In zwei Stunden kann man spielerisch die Kunstwelt entdecken, auch in englischer Sprache. ■ Museum Rezzonico, Reservierung notwendig: Tel. 041/270 03 70

36 Ca' Foscari

Venedigs Universität in herrlicher Lage am Canal Grande

■ Vaporetto-Station San Tomà
■ Calle Ca' Foscari, Dorsoduro 3246

Der Doge Francesco Foscari wollte einen prunkvollen Palazzo am Canal Grande haben, so beauftragte er 1453 Bartolomeo Bon mit dem Bau des

ADAC *Mittendrin*

14 **La Regata Storica** Am ersten Septembersonntag findet die spektakuläre historische Bootsparade auf dem Canal Grande statt, die an die einstige Größe der Serenissima-Republik erinnert, insbesondere an die Feierlichkeiten für Caterina Cornaro, die 1489 zugunsten der Seemacht auf den Thron der Insel Zypern verzichtete. Dutzende von bunt geschmückten Booten werden von Gondolieri in historischen Kostümen gesteuert, dabei spielen auch der winkende Doge und die Dogin mit. Die schwimmende Tribüne, die »machina«, liegt traditionell vor dem Palast Ca' Foscari. Nach dem historischen Zug finden die sportliche Regatta bzw. verschiedene Rennen mit vier unterschiedlichen Bootstypen statt. Dabei wird die Technik der Fortbewegung »alla veneziana«, das Rudern im Stehen, angewendet, die seit Tausenden von Jahren in der Lagune praktiziert wird. Das bei den Einheimischen beliebteste Rennen ist das mit den »gondolini« (zwei Rudern). *www.regatastoricavenezia.it*

spätgotischen Palastes, der erst 1457 vollendet wurde, nur ein paar Tage vor Foscaris Tod. Der Palazzo blieb in Familienbesitz und wurde im Laufe der Jahrhunderte oft zum Domizil wichtiger, hochrangiger Gäste der Republik Venedig. Die Fassade mit einer wunderschönen Loggia erinnert an die Procuratie auf der Piazza San Marco und den Dogenpalast. Heute ist der Palast Sitz der Universität Ca' Foscari.

Erlebnisse

Ca' Foscari Tour Der Blick von dem historischen Baratto-Saal in der Universität auf den Canal Grande ist ein echtes Erlebnis. ■ Palazzo Ca' Foscari, Dorsoduro 3246, Tel. 041/234 80 36, www.unive.it/pag/19533, Führung Mo–Fr 10–13 Uhr, 5 €

37 Scuola Grande dei Carmini

Tiepolos fabelhafter Gemäldezyklus im Kapitelsaal

■ Vaporetto-Stationen Ca' Rezzonico, Zattere und San Basilio
■ Campo dei Carmini, Dorsoduro 2616/2617, Tel. 041/528 94 20, www.scuolagrandecarmini.it, tgl. 11–17 Uhr, 5 €, erm. 4 €

1767 wurde die einflussreiche Bruderschaft der Karmeliter zur Scuola Grande ernannt. Einige Jahre früher (1740) hatte Tiepolo den Auftrag erhalten, die Decke der Sala Capitolare zu verzieren. So malte der Künstler einen Zyklus von neun Gemälden, die von einem schönen goldenen Licht geprägt sind, rund um die Zentralfigur der Madonna. Im Barockgebäude der Scuola Grande, das sich zwischen Campo dei Carmini und Campo Santa Margherita befindet, werden unter anderem auch Kunstwerke von Gianbattista Piazzetta in der Sala dell'Archivio aufbewahrt. Zum Ensemble gehört außerdem die Kirche Carmini, die auf den gleichnamigen Campo blickt.

Sehenswert

Chiesa Santa Maria del Carmine
| Kirche |
Eine mystische Stimmung herrscht in der Kirche, die auf das Jahr 1290 zurückgeht und mehrmals umgebaut wurde. Das eher dunkle Mittelschiff wird durch eine vergoldete Holzverkleidung mit Skulpturen und Kapitellen reichlich verschönert und erhellt. In dem Gotteshaus, das einen Stilmix aus Gotik und Renaissance zeigt, bewundert man Deckenmalereien von Ricci und Werke von Cima da Conegliano, Lotto und Tintoretto. Der Campanile aus Backstein ist durch Li-

Gefällt Ihnen das?

Begeistern Sie die Kirchen Venedigs? Angesichts der Fülle an Gotteshäusern werden Sie eine Auswahl treffen müssen! Neben der **Basilica di San Marco** (S. 73) unbedingt sehenswert sind: die Kirche **Santi Giovanni e Paolo** (135), Grablege der Dogen, **Santa Maria Gloriosa dei Frari** (S. 95) mit Tizians Meisterwerk »Assunta«, aber auch so verborgene »Juwelen« wie **San Sebastiano** (S. 102) mit grandiosen Werken Veroneses oder **Santa Maria dei Miracoli** (S. 142) mit ihrer exquisiten bunten Marmorverkleidung.

Am Tage und in der Nacht pulsiert das Leben auf dem Campo Santa Margherita

senen und Rundbogen aus istrischem Kalkstein geschmückt.

■ Campo dei Carmini, Dorsoduro 2612, Mo–Sa 7–12, 14.30–19, So ab 8.30 Uhr

38 Campo Santa Margherita

Lebendiger Studententreff und ein Stück authentisches Venedig

■ Vaporetto-Stationen Ca' Rezzonico, Piazzale Roma und San Basilio

Der große und unregelmäßige Platz ist Treffpunkt für die Studenten der Universität Ca' Foscari und die Einheimischen, die hier Obst, Gemüse und Fisch kaufen. Er lädt Alt und Jung mit Bänken unter ein paar Bäumen und zwei Brunnen zum Verweilen, Plaudern und Spielen ein, als wäre er der Hauptplatz eines kleinen Dorfes. Gesäumt ist der Platz von Cafés, Bars und Restaurants, die vor allem an lauen und warmen Abenden, bei einem Spritz oder einem Eis, die richtige Kulisse für die »movida veneziana« bieten. In der Platzmitte erhebt sich die ehemalige, frei stehende Scuola dei Varotieri (der Gerber und Färber) mit einem schönen Madonnenrelief und einer Inschrift, die deutlich macht, über welche Mindestmaße die angebotenen Fische verfügen mussten. Am nördlichen Ende des Platzes befindet sich die ehemalige Kirche Santa Margherita mit dem originellen gekappten Turm.

Restaurants

€€ | **La Bitta** Die kleine Osteria mit Tischen auch im Hinterhof bietet zum Abendessen gute Hausmannskost: Serviert werden Fleischgerichte mit Beilagen aus saisonalen und lokalen

Zutaten. ■ Calle Lunga San Barnaba, Dorsoduro 2753/A, Tel. 041/523 05 31, Mo–Sa 18.30–22.30 Uhr

Eisdielen

Gelateria Il Doge Die Leute stehen immer Schlange vor der Eisdiele, so lecker ist hier das Eis, das von vielen zum Besten in der ganzen Stadt erkoren wurde. Den speziellen Geschmack »crema del doge« aus Schokolade und kandierter Orange sollte man unbedingt probieren. ■ Campo Santa Margherita, Dorsoduro 3058/A, www.gelateria ildoge.com

Einkaufen

Ca' Macana Von der Commedia dell' Arte inspirierte handgefertigte Masken. ■ Calle de le Boteghe, Dorsoduro 3172, Tel. 041/277 61 42, www.cama cana.com

Dal Nono Colussi Typisches venezianisches Gebäck wie die »baicoli«, die »fugassa veneziana« oder die »zaletti del doge« und viele weitere Köstlichkeiten gibt es in der Konditorei, die seit 1956 Naschkatzen glücklich macht. ■ Calle Lunga San Barnaba, Dorsoduro 2864, Tel. 041/523 18 71, Mi–So 9–13 und 15.30–17 Uhr, im Hochsommer häufig geschl.

15 **La Barca** Seit Jahrzehnten kaufen die Venezianer von dem bunten Boot ihr Gemüse, das den ganzen Tag über am Fuße der Brücke Ponte dei Pugni ankert und als großer Marktstand fungiert. Wunderschön ausgestellt, findet man hier allerlei Schmackhaftes, insbesondere aus der Umgebung von Venedig, darunter auch typische saisonale Spezialitäten

Es wirkt wie eine optische Täuschung: das Deckengemälde von San Pantalon

von den Laguneninseln, wie die »castraure«: sehr zarte und junge Artischocken. ■ Fondamenta Gherardini, am Rio San Barnaba, So geschl.

39 San Pantalon

Atemberaubend schön ist das weltweit größte Gemälde auf Leinwänden

■ Vaporetto-Stationen Ca' Rezzonico und Piazzale Roma
■ Campo San Pantalon, Dorsoduro 3703, Tel. 041/523 58 93, www.sanpantalon.it, Mo–Sa 10–12 und 13–15 Uhr

Von außen sieht die Kirche, die bereits 1161 existierte, mit ihrer Fassade aus Ziegeln ziemlich streng und beinahe unvollendet aus; in der Tat mangelte es während der Bauarbeiten an Geld für eine schöne Marmorfassade. Desto verblüffender empfindet der Besucher das Innere des Gotteshauses mit nur einem einzigen Schiff. An der flachen Decke erstreckt sich ein gigantisches Gemälde aus 40 Leinwandbildern von Giovanni Antonio Fumiani. Die perspektivische Täuschung ist perfekt: Wenn man nach oben schaut, hat man den Eindruck, dass sich die vielen Figuren gen Himmel bewegen. Der venezianische Künstler arbeitete über 20 Jahre lang zwischen 1680 und 1704 an diesem Kunstwerk, das sich dem Leben des heiligen Pantalone widmet und das mit seinen sage und schreibe 440 m² als das weltweit größte Gemälde auf Leinwänden gilt.

Restaurants

€ | Café Noir Ein schnelles und leckeres Mittagessen bietet das kleine Lokal, das bei Studenten beliebt ist und in dem man abends bei verschiedenen »cicheti« gute Cocktails und Bier genießen kann. ■ Calle Lunga San Pantalon, Dorsoduro 3805, Tel. 041/71 09 25, tgl. 7–2 Uhr

€ | El Sbarlefo In dem »bacaro« genießt man leckere »cicheti«, wie die mit Sardellen und Polenta, zusammen mit einem Glas Wein oder einem Bier an der typischen Theke aus Holz, abends auch mit Livemusik. ■ Calle San Pantalon, Dorsoduro 3757, Tel. 041/524 66 50, www.elsbarlefo.it

ADAC *Wussten Sie schon?*

Das typisch venezianische **Straßenschild** heißt »nizioleto« (auf Venezianisch kleines Bettlaken). Eigentlich ist es kein Schild: Die Namen der Plätze und Straßen werden per Hand mit einem rechteckigen weißen Hintergrund direkt auf die Mauern der Gebäude gemalt.

Cafés

Pasticceria Tonolo Seit 1886 begeistert die Konditorei ihre Gäste mit exquisiten Kuchen, Pralinen, Gebäckwaren und dem typischen Karnevalsgebäck »frittelle«. Dazu trinkt man einen guten »caffè«. Ideal zum Frühstück. ■ Calle Lunga San Pantalon, Dorsoduro 3764, Tel. 041/523 72 09, Mo geschl.

Pasticceria Toletta In der Nähe der Gallerie dell'Accademia bietet diese kleine Konditorei neben Kuchen, Patisserie und aromatischem »caffè« auch ein großes Angebot an köstlichen »tramezzini«, beispielsweise mit »baccalà« (Stockfisch), Käse und Gambas. ■ Calle de la Toleta, Dorsoduro 1192, Tel. 041/522 74 51

Am Abend

Zum Nachtleben dieses Stadtteils tragen vor allem die vielen Studenten der Universität Ca' Foscari bei: Traditionelle Cafés und typische »bacari« sind hier auch bis spät in die Nacht geöffnet und bieten nicht selten Livemusik. Für unvergessliche, exklusive Erlebnisse sorgen klassische Konzerte und außergewöhnliche Lokale.

Bühne

Teatro Junghans Moderne Theaterstücke, inszeniert von der Accademia Teatrale Veneta in einer ehemaligen Uhrenfabrik. ■ Giudecca 494/b, Vaporetto-Station Palanca, Tel. 041/241 19 74, www.accademiateatraleveneta.com

Konzerte

Venice Jazz Club Jazzkonzerte (21–23 Uhr) im stimmungsvollen Ambiente. Vor dem Konzert kann man auch eine kalte Mahlzeit bekommen. ■ Ponte dei Pugni, Dorsoduro 3102, Vaporetto-Station Ca' Rezzonico, Tel. 340/150 49 85, www.venicejazzclub.weebly.com, Do, So und Aug. geschl.

Venice Music Project Barockmusik-Konzerte vom in Venedig ansässigen Orchester Venetia Antiqua in der anglikanischen Kirche St. George. ■ Campo San Vio, Dorsoduro 729/A, Vaporetto-Station Salute, Tel. 345/791 19 48, www.venicemusicproject.it

Kneipen, Bars und Clubs

Antinoo's Lounge & Restaurant Ob Aperol Spritz, Martini oder Bellini: Ein Aperitif am Canal Grande mit raffiniertem Service, exquisitem Fingerfood und Blick auf den Kanal ist ein echtes Erlebnis. ■ Im Sina Centurion Palace, Dorsoduro 173, Vaporetto-Station Salute, Tel. 041/342 81, www.sinahotels.com

Caffè Rosso Das historische Lokal am Campo Santa Margherita bietet nicht nur coole Getränke, gute Spritz und leckere »tramezzini«, sondern auch venezianische Lebensart: ein Kult! ■ Campo Santa Margherita, Dorsoduro 2963, Vaporetto-Station Ca' Rezzonico Tel. 041/528 79 98, www.cafferosso.it, So geschl.

Club Piccolo Mondo Kleiner Tanz- und Nachtclub für Nachteulen – der einzige in der Stadt, seit 1963. ■ Accademia, Dorsoduro 1056/A, Vaporetto-Station Accademia, Tel. 329/167 12 50, bis 4 Uhr, Mo und Jan. geschl.

Imagina Café Das modern eingerichtete Lokal serviert schmackhafte Panini und »tramezzini« und ist von wechselnden Bildern geschmückt. Am Abend herrscht immer eine gute Stimmung, sodass man leicht ins Gespräch kommt. ■ Rio Terrà Canal, Dorsoduro 3126, Vaporetto-Station Ca' Rezzonico Tel. 041/241 06 25, www.imaginacafe.it, Fr, So bis 1 Uhr

Skyline Rooftop Bar Ein Cocktail oder ein Glas Champagner für einen romantischen Abend im achten Stock mit atemberaubender Skyline. ■ Hilton Molino Stucky, Giudecca 810, Vaporetto-Station Palanca, Tel. 041/272 33 11, www.skylinebarvenice.it

Übernachten

Kleine und mittelgroße Hotels in ruhigen Ecken bieten Komfort und Entspannung in der Nähe von Kunstgalerien oder an der Uferpromenade Zattere. Neben weltberühmten Luxushäusern, wie dem Hotel Hilton auf der Giudecca oder dem Sina Centurion Palace nahe der Chiesa della Salute, versprechen auch kleinere Boutique- und Design-Hotels im Herzen der Kunstszene einen unvergesslichen Aufenthalt.

€

Hotel Al Malcanton Das kleine einfache Hotel liegt in strategischer Position, nicht zu weit entfernt vom Hauptbahnhof. ■ Dorsoduro 3587, Corte Surian, Vaporetto-Station Piazzale Roma, Tel. 041/275 08 97, www.hotelalmalcanton.com

Locanda San Barnaba Niedliches Hotel in einem gotischen Palazzo aus dem 16. Jh. mit komfortablen Zimmern und kleinem Garten. Der große Saal ist mit Fresken und original venezianischem Boden geschmückt. ■ Dorsoduro 2585/86, Calle del Traghetto, Vaporetto-Station Ca' Rezzonico, Tel. 041/241 12 33, www.locanda-sanbarnaba.com

€€

Hotel Agli Alboretti Ganz in der Nähe der Gallerie dell'Accademia in einer ruhigen Gasse bietet das familiär geführte Hotel 23 gemütliche Zimmer. In der schönen Saison wird das Frühstück im Garten serviert. ■ Rio Terrà Foscarini, Dorsoduro 884, Vaporetto-Station Accademia, Tel. 041/523 00 58, www.aglialboretti.com

Hotel Pausania Das Hotel im kleinen Palazzo aus dem 14. Jh. liegt nahe am Campo Santa Margherita. Es bietet im typischen venezianischen Stil eingerichtete Zimmer. Das Frühstück wird auf einer Veranda mit Blick auf den eigenen Garten serviert. ■ Fondamenta Gerardini, Dorsoduro 2824, Vaporetto-Station Ca' Rezzonico, Tel. 041/522 20 83, www.hotelpausania.it

€€€

American-Dinesen Ganz nahe am Peggy Guggenheim Museum verfügt das Boutique-Hotel über hübsche Zimmer mit wertvollen Tapeten an den Wänden, einige mit Blick auf den Kanal. Ruhige Terrasse im ersten Stock. ■ Fondamenta Bragadin, Dorsoduro 628, Vaporetto-Station Accademia, Tel. 041/520 47 33, www.hotelamerican.it

Ca' Pisani Hotel Im eleganten Design-Hotel warten Zimmer mit originalen Art-déco-Möbeln und jedem Komfort auf die Gäste. ■ Rio Terrà Foscarini, Dorsoduro 979/A, Vaporetto-Station Accademia, Tel. 041/240 14 11, www.capisanihotel.it

La Calcina Das traditionsreiche Hotel an der Fondamenta delle Zattere zählt zu den historischen Lokalen Italiens und bietet elegante, komfortable Zimmer, einige mit Blick auf die Insel Giudecca. ■ Fondamenta delle Zattere, Dorsoduro 780, Vaporetto-Station Zattere, Tel. 041/520 64 66, www.lacalcina.com

Castello – charmante Bühne für die Biennale

Eintauchen in ein fast dörfliches Venedig, das alle zwei Jahre die internationale Kunstwelt zu Gast hat

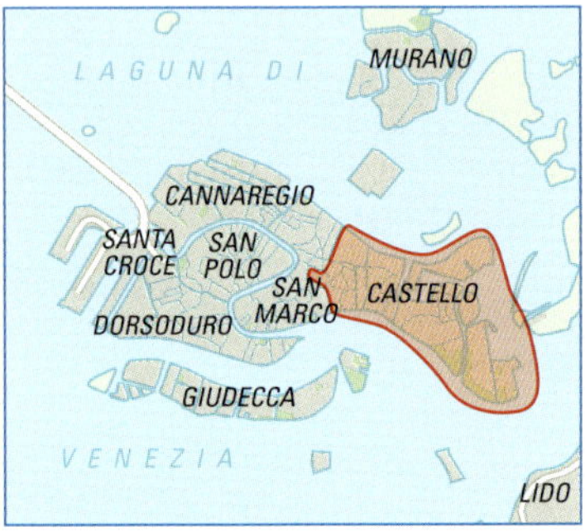

Die imposante Schiffswerft Arsenale prägt Castello, den größten »sestiere« der Stadt, ein traditionelles Arbeiterviertel. Einige Gebäude des enormen Areals, in dem einst die Schiffe und Waffen der Serenissima hergestellt und sorgfältig gehütet wurden, dienen heute während der Biennale als Ausstellungsfläche. Zur grünen Parkanlage, in der sich die Biennale-Pavillons mit ihrer einmaligen Architektur befinden, kommt man über die Riva degli Schiavoni, die lebendige Uferpromenade mit grandiosem Blick auf das Becken von San Marco, die Inseln San Giorgio Maggiore, Giudecca, Lido und die Punta della Dogana. Vorbei an großen Bogen, die in die Hinterhöfe mit bunter, zwischen den Häusern hängender Wäsche blicken lassen, spaziert man dann entlang der Riva dei Sette Martiri in Richtung der Spitze des Stadtviertels, der Insel Sant'Elena. Während der Biennale schmücken Kunstwerke den Weg. Abseits der Uferpromenade verläuft der Alltag der Venezianer beschaulich, in einer fast schon dörflichen Stimmung. In den »calli« entdeckt man nach dem Besuch der wichtigsten Kunstausstellung der Welt ein anderes, verträumtes Venedig, wo die Stille an einigen Ecken geradezu surreal anmutet und man vom touristischen Rummel Lichtjahre entfernt zu sein scheint. Von der Lebendigkeit einiger großer »campi«, wie Santa Maria Formosa, Santi Giovanni e Paolo oder San Pietro di Castello, wird man dann doch überrascht: Sie zeigen den Alltag der Venezianer neben den hinreißenden Kulturschätzen, die für sie eine Selbstverständlichkeit darstellen. Je mehr man sich der Piazza San Marco nähert, desto lauter und enger wird es. Jedoch reicht es, sich von den bekannten Routen zu entfernen, um erneut von der stillen Eleganz der Stadt oder der Musik Vivaldis überwältigt zu werden, wie am Campo San Zaccaria oder im Kreuzgang Sant'Apollonia.

In diesem Kapitel:

40 **Riva degli Schiavoni** 126
41 **Museo Diocesano d'Arte Sacra** 127
42 **San Zaccaria** 127
43 **San Giorgio dei Greci** 128

44 Arsenale ... 128
45 Museo Storico Navale und Padiglione delle Navi ... 129
46 Via Garibaldi ... 130
47 Giardini Pubblici ... 131
48 Sant' Elena ... 132
49 San Pietro di Castello ... 132
50 San Francesco della Vigna ... 133
51 Fondazione Querini Stampalia ... 133
52 Santa Maria Formosa ... 134
53 Santi Giovanni e Paolo ... 135
Am Abend/Übernachten ... 138/139

ADAC Top Tipps:

8 **Santi Giovanni e Paolo**
| Basilika |
Das Pantheon der Dogen, flankiert von der Scuola Grande di San Marco, zählt zu den größten Kirchenbauten Venedigs und bietet beeindruckende Kunstschätze. Und draußen genießt man die schöne Piazza. ... 135

ADAC Empfehlungen:

16 **Arsenale**
| Werft |
Ein eindruckvolles Löwen-Tor bewacht die historische Schiffswerft der Serenissima. ... 128

17 **San Pietro di Castello**
| Basilika |
Der erste Bischofssitz Venedigs auf einer Wiese am Rande der Stadt. ... 132

18 **Hotel Da Bruno**
| Hotel |
Fast schon familiär ist die Atmosphäre in diesem Haus. ... 139

40 Riva degli Schiavoni

Belebte Uferstraße mit bezauberndem Panoramablick auf die Lagune

■ Vaporetto-Station San Zaccaria

An der Brücke della Paglia beginnt die berühmte Uferstraße, die sich über knapp einen Kilometer erstreckt. Den ganzen Tag schieben sich hier Touristenmassen entlang, während Vaporetti, Wassertaxis und Ausflugsboote weitere Besucher ans Ufer bringen. Gegen Abend jedoch, wenn die meisten Gäste die Lagunenstadt wieder verlassen haben, kann man hier einen schönen Spaziergang mit einmaligem Blick auf San Giorgio Maggiore und die Punta della Dogana machen. Auf die Promenade blicken elegante Palazzi, wie der spätgotische Palazzo Dandolo, der 1822 zum Luxushotel Danieli umgestaltet wurde, oder die Kirche Santa Maria della Pietà, die untrennbar mit dem Namen Antonio Vivaldi verbunden ist und wo am Abend stimmungsvolle Vivaldi-Konzerte geboten werden (S. 138). Die Riva degli Schiavoni gab es bereits im 10. Jh., allerdings viel schmaler, erst 1780 wurde sie auf die heutige Breite vergrößert. Nach slawischen Händlern benannt (Schiavoni heißt auf Italienisch Slawonier), war sie als strategischer Handelspunkt schon immer sehr belebt.

Die Riva degli Schiavoni endet an der Brücke Ca' di Dio, aber viele Besucher schlendern weiter auf der Uferpromenade, entlang der Riva dei Sette Martiri, bis hin zu den Giardini Pubblici der Biennale. Ein herrlicher Ort für ein Päuschen im Sommer.

Die Riva degli Schiavoni – einer der schönsten und quirligsten Orte Venedigs

41 Museo Diocesano d'Arte Sacra

Ein romanischer Kreuzgang als Ort der Stille führt zum Museum

■ Vaporetto-Station San Marco und San Zaccaria
■ Ponte della Canonica, Castello 4312, www.veneziaupt.org, tgl. 10–19 Uhr; 5 €, erm. 3 €

Eine Oase der Stille bietet der romanische Kreuzgang des ehemaligen Benediktinerklosters Sant' Apollonia aus dem 12. oder 13. Jh., der zum Innehalten geradezu einlädt und von einmaligem architektonischem Wert in Venedig ist. Das Museum im ersten Stock zeigt eine interessante Sammlung sakraler Kunst: Statuen, Kreuze und Gemälde, darunter auch ein Tintoretto und ein seltenes Beispiel des Markuslöwen »leone in moleca« aus dem 14. Jh.: Der Löwe sitzt mit ausgebreiteten Flügeln und hält zwischen den Pfoten ein Buch. Aus 200 Exponaten besteht eine der prächtigsten und ältesten Sammlungen an Sakralsilber in der Lagunenstadt.

42 San Zaccaria

Dekorative Fassade und ein wahres Meisterwerk von Bellini im Innern

■ Vaporetto-Station San Zaccaria
■ Campo San Zaccaria, Castello 5693, Mo–Sa 10–12 und 16–18, So 16–18 Uhr

Bereits im 9. Jh. entstanden, wurde die Kirche an diesem stillen Platz mehrmals umgebaut, bis sie ihren aktuellen Architekturstil, eine Mischung aus Gotik und Renaissance, erhielt. An der faszinierenden Fassade bemerkt man den gotischen Stil von Antonio Gambello an den bunten Marmorteilen, während Mauro Codussi den oberen Teil mit weißem istrischem Kalkstein 1490 im Stil der Renaissance vollendete. Die Kirche gehörte zu einem reichen Benediktinerinnenkonvent: In diesem Ensemble wurden sogar acht Dogen bestattet. Unter ihrem Schutz wurde das Kloster später zum Erzie-

Im Blickpunkt

Antonio Vivaldi – Inbegriff der Barockzeit in Venedig

Vivaldis »Die vier Jahreszeiten« (1725) und die Barockmusik sind aus der Lagunenstadt seit Jahrhunderten nicht mehr wegzudenken. 1678 wurde der wegen seines roten Haares »prete rosso« genannte Priester im »sestiere« Castello geboren. Es waren zügellose, dekadente Zeiten, in denen Venedigs Spielsalons und Bordelle vor Besuchern überquollen. Während des Karnevals mischten sich sogar Geistliche unter die Maskierten, denen alles erlaubt war. Die Versuchungen waren auch für Priester groß, und so verzichtete Vivaldi angeblich aus gesundheitlichen Gründen auf sein Priesteramt. Er lehrte 37 Jahre lang Geige und bildete erfolgreich Virtuosinnen aus, für die er unzählige Violinkonzerte komponierte. Der überragende Geiger konnte sich aber trotz knapp 100 Musikwerken und vieler Erfolge nicht mehr den neuen Musiktendenzen anpassen und verstarb 1741 verarmt in Wien.

ADAC ***Spartipp***

Wer länger in Venedig verweilt, dem bieten sich als Alternative zu teuren Hotels auch kleine Ferienwohnungen an. Der Vorteil: Man kann sich sein Abendessen auch einmal selbst zubereiten und spart so teure Restaurantkosten. Verschiedene Internetportale bieten Unterkünfte an, so etwa www.venicehr.com, www.holidu.de und www.venicerentapartments.com.

hungsort für adelige, jedoch wegen ihres »hemmungslosen« Verhaltens berüchtigte junge Mädchen. In der Kirche bestaunt man Giovanni Bellinis Gemälde »Sacra Conversazione« von 1505, das jeden durch seine Würde und Frommheit bezaubert.

43 San Giorgio dei Greci

Ein schiefer Turm als Blickfang – das Zentrum der griechischen Kultur

■ Vaporetto-Station San Zaccaria
■ Salita dei Greci, Castello 3422, Kirche tgl. 9–16.45 Uhr
■ Museum, Tel. 041/522 65 81, www.istitutoellenico.org, tgl. 9–17 Uhr, 4 €

Die Griechen Venedigs begannen 1536 mit dem Bau der Kirche nach den Plänen von Sante Lombardo. Entsprechend der orthodoxen Sakralmalerei findet man in diesem Gotteshaus, auch Sitz der Erzdiözese von Italien und Malta, die schöne Ikone eines Pantokrators. Wie auch andere »campanili« Venedigs neigt sich der Kirchturm in Richtung des kleinen Kanals. Aus Backstein gebaut, basiert er auf einem Sockel aus istrischem Kalkstein. Das angeschlossene Ikonenmuseum des Hellenistischen Instituts zeigt im ersten Stock eines ehemaligen Krankenhauses prächtige byzantinische Ikonenbilder, mit Miniaturen verzierte Kodizes und bestickte vergoldete Paramente.

44 Arsenale

16 *Ein imposantes Tor markiert den Eingang zur einstigen Schiffswerft*

■ Vaporetto-Station Arsenale
■ Campiello Tana, Castello 2169/F, Tel. 041/521 87 11, http://arsenale.comune.venezia.it

Die mächtigen Mauern, welche die Schiffswerft umrahmen, spiegeln sich im stillen Wasser der Darsena Grande wider. Mit ihrem Bau wurde Mitte des 12. Jh. begonnen: Die Werft war die einzige Anlage der Stadt, die durch Mauern geschützt war, um die Sicht darauf zu verhindern – und damit die Geheimnisse ihres erfolgreichen Geschäftsmodells zu verbergen.
Auf dem 48 ha großen Gelände wurde im 16. Jh. auf Hochtouren gearbeitet. In der Blütezeit schufteten hier Abertausende von Leuten, die »arsenalotti«, die imstande waren, ein Schiff pro Tag herzustellen. Hier wurde auch die mit Gold bezogene Stadtgaleere »Bucintoro« aufbewahrt. Der Arsenale war damals eine Art selbstständige Stadt in der Stadt.
Der Eingang imponiert durch ein 1460 in der Form eines Triumphbogens erbautes Tor mit geflügeltem Löwen im Tympanon. Er wird von Türmen aus dem 16. Jh. und zwei Löwenstatuen,

In Spitzenzeiten lief im Arsenale ein Schiff pro Tag vom Stapel

die aus der griechischen Hafenstadt Piräus stammen, bewacht. Seit 1980 werden Teile des Areals, das unter Militärverwaltung steht, als Ausstellungsräume für die Biennale geöffnet (S. 131). Zu diesen zählen auch die über 11 000 m² großen Corderie, wo während der Zeit der Seerepublik Seile für die Schiffe der hergestellt wurden.

45 Museo Storico Navale und Padiglione delle Navi

Venedigs großartige Schifffahrtsgeschichte wie im Brennglas

■ Riva San Biasio, Castello 2148, Museum wegen Restaurierung geschl.
■ Padiglione delle Navi, Rio della Tana 2162 c, Tel. 041/24 24, www.visitmuve.it, tgl. 10–18 Uhr, 10 €, erm. 7,50 € (inkl. Museum), oder mit Museum Pass

Das historische Schifffahrtsmuseum, das aus 42 Sälen auf fünf Stockwerken besteht und früher ein Kornspeicher aus dem 15. Jh. war, ist leicht an zwei großen Ankern zu erkennen, die an der Fassade des Hauptgebäudes stehen. Das Museum bewahrt auch ein Miniaturmodell des »Bucintoro« auf: Diese 100 Fuß lange Galeere, die als Staatsschiff des Dogen und prächtiges Symbol der Seemacht Venedigs diente, wurde 1798 auf Napoleons Befehl hin zerstört. Das Projekt, einen neuen, eigentlich unschätzbar teuren »Bucintoro« zu produzieren, scheint neuen Schwung zu bekommen: Im Frühling 2017 traf sich Venedigs Verwaltung erneut mit Sponsoren. In der alten Werkstatt am Arsenale, wo ursprünglich die Ruder hergestellt wurden, befindet sich der Padiglione delle Navi, eine Halle mit einigen prunkvollen historischen Schiffen der Seerepublik.

46 Via Garibaldi

Hier lässt sich gemächlich schlendern – auf der einzigen »via« der Stadt

- Vaporetto-Station Arsenale
- Markt: tgl. 7–14 Uhr

Die breite und lange Straße, die von der Uferpromenade abzweigt und zur Isola di San Pietro führt, wurde erst 1808 unter Napoleons Regierung angelegt. Es handelt sich um einen aufgeschüttelten »rio« (Kanal), der ein lebhaftes Wohnviertel durchzieht. Die Via Garibaldi, benannt nach dem Vorkämpfer des Risorgimento, Giuseppe Garibaldi, wirkt wie eine gewöhnliche Fußgängerzone und ist von kleinen Geschäften und vielen Lokalen gesäumt, deren Tische bei schönem Wetter auch draußen eingedeckt werden. Die Straße mündet in einen Kanal, an dem täglich ein lebendiger und pittoresker Markt stattfindet, wo hauptsächlich Obst, Gemüse und Fisch – darunter auch saisonale Spezialitäten wie »moeche« – verkauft werden. In dieser ruhigen und entspannten »Dorf-Atmosphäre« kann man sich vom intensiven Sightseeing erholen – hier gibt es weder Gedränge noch fliegende Händler. Ein Stück authentisches Venedig.

ADAC *Wussten Sie schon?*

»Moeche« (»moleche« auf Italienisch) nennt man in Venedig die **Krabben**, die nur für einige Tage zum Beginn des Herbstes und des Frühlings wegen ihrer Häutung ohne Panzer sind. Dann werden sie als Feinkost verspeist.

Im Blickpunkt

Land unter – das gefürchtete Hochwasser

Mag ein Spaziergang mit hohen Gummistiefeln und über Holzstege beim Hochwasser (»acqua alta«) für Touristen ein Erlebnis sein, so ist es für die Bewohner Venedigs ein Ärgernis. Immer öfter heulen die Sirenen, die die Überflutung der Stadt unmissverständlich ankündigen. Das Wasser wird vor allem bei starkem Wind in die Lagune hineingedrückt. Tiefer gelegene Uferstraßen und Plätze, wie die Piazza San Marco, werden dann überschwemmt. Das Stauprojekt MOSE (mobile experimentelle elektromechanische Sperre), ein Sturmflutsperrwerk aus beweglichen Fluttoren, soll Venedig in der Zukunft vor dem Hochwasser schützen. 2003 begann man mit dem umstrittenen Projekt, das wegen technischer Probleme und Korruptionsskandale viele Verzögerungen erlitt. Inzwischen wurde das Sperrwerk von Malamocco vollendet: Die Inbetriebnahme ist bis spätestens Ende 2022 geplant. Viele befürchten aber, dass MOSE ein Jahrhundertprojekt mit Milliardenkosten wird – und nicht nur der ehemalige Oberbürgermeister von Venedig, Massimo Cacciari, sondern immer mehr Venezianer bezweifeln seine Wirksamkeit.
www.mosevenezia.eu/puntomose, Infopoint zu MOSE, Castello 2737/f, Vaporetto-Station Bacini Arsenale Nord

47 Giardini Pubblici

Öffentliche Gärten als Schauplatz für die Biennale Arte

■ Vaporetto-Station Giardini

65 000 m² groß ist der Park, der 1809 unter Napoleon angelegt wurde; zwei Drittel davon werden heute von den Biennale-Pavillons in Anspruch genommen. Eine Statue des Freiheitskämpfers Garibaldi verziert den kleinen Platz am Anfang der grünen Allee, die zur Biennale führt. Bei einem Spaziergang auf dieser breiten, von großen, Schatten spendenden Bäumen flankierten Allee träumt man von alten Zeiten: Bänke laden zum Verweilen ein, und dabei bestaunt man schöne alte Palazzi. Kinder finden hier auch einen Spielplatz. Entzückend ist das ehemalige Gewächshaus Serra dei Giardini, wo man auf einen Kaffee einkehren sollte.

Cafés

Serra dei Giardini Das 1894 im Jugendstil gebaute Gewächshaus ist seit 2010 als Café und Blumenladen wieder in Betrieb. Im charmanten Lokal genießt man erfrischende Bio-Getränke und kleine Mahlzeiten und die außergewöhnliche Stille – nicht nur während der Biennale-Zeit. ■ Viale Giuseppe Garibaldi, Castello 1254, Tel. 041/29603 60, www.serradeigiardini.org, 10–20 Uhr, Blumenladen Mo geschl.

Kinder

Giardini Pubblici Spiele und Schaukeln bieten kleinen Kindern die Möglichkeit, sich im Grünen auszutoben.

Im Blickpunkt

Die Kunstbiennale

Im April 1895 wurde die 1. Internationale Kunstausstellung der Biennale eröffnet. Ins Leben gerufen wurde sie vom Bürgermeister und Dichter Riccardo Selvatico und einer Gruppe von Intellektuellen, um dem Tourismus neuen Schwung zu verleihen und der lokalen Kunstszene wieder Anschluss an den internationalen Kunstmarkt zu verschaffen. Seither findet die Kunstbiennale in der Parkanlage Giardini statt. Alle zwei Jahre lockt die Veranstaltung ein kosmopolitisches Publikum in die Lagune. Während der Biennale ist Kunst nicht nur in den Giardini-Pavillons zu erleben: Überall in Venedig finden Kunstevents statt. In vielen prächtigen Palästen werden Kunstwerke einzelner Künstler oder ganzer Nationen gezeigt sowie Workshops und Tagungen abgehalten – und die Kunststars gefeiert.
www.labiennale.org

San Pietro di Castello war bis zum Ende der Republik Sitz des Bischofs

48 Sant' Elena

Eine Kirche, erbaut für die Mutter des Kaisers Konstantin

■ Vaporetto-Station Sant'Elena

Eine Brücke aus Holz führt zu der Kirche, die der Mutter Kaiser Konstantins gewidmet ist. Stille und Grün herrschen ringsum, wie auch im Parco delle Rimembranze und auf der kleinen Insel Sant' Elena, die das erste Mal 1060 erwähnt wurde. Eine erste Kirche mit Hospiz, wohin 1211 die Gebeine der Kaiserin Helena aus Konstantinopel gebracht wurden, wurde 1439 im gotischen Stil aus Backstein wiedererbaut. Das Portal aus der Frührenaissance besticht mit der Statue des Admirals Vittore Cappello in einer Lünette von Antonio Rizzo (1470). Er kniet vor der heiligen Helena in voller Rüstung und betet demütig. Die Kirche mit nur einem Schiff zeigt zweibogige Fenster.

49 San Pietro di Castello

17 *Antike Kirche der Patriarchen mit grüner Wiese und schiefem Turm*

■ Vaporetto-Stationen San Pietro und Giardini
■ Campo San Pietro, Castello 70, www.chorusvenezia.org, Mo–Sa 10.30–16.30, 3 €, erm. 1,50 €, oder mit Chorus-Pass

Von der Brücke Ponte San Pietro kommend, beeindruckt der ungewöhnliche Platz mit Wiese, Bänken und Bäumen, sodass er den Namen »campo« (Feld/Wiese auf Italienisch) tatsächlich verdient. Die Wiese befindet sich auf einer kleinen Insel, die den ersten Siedlern als soziales und religiöses Zentrum diente: Hier erhebt sich die bereits im Jahre 650 erbaute Kirche. Zuerst sieht man aber den schiefen, leuchtend weißen Glockenturm, den Mauro Codussi 1490 vollständig mit Platten aus istrischem Kalkstein verkleiden ließ. Bis 1451 war die Kirche Bischofssitz des Patriarchen von Grado, danach bis 1807 der Patriarchen Venedigs und daher Kathedrale der Stadt. Heute zeigt sich das Gotteshaus mit großer Kuppel und weißer Fassade in der Gestaltung vom 16. Jh., als Palladio sie umbaute: Unverkennbar Palladio ist das Motiv des Dreiecksgiebels mit Säulen. Im Innenraum soll der Apostel Petrus auf dem schlichten Thron »Cattedra di San Pietro« gesessen haben.

50 San Francesco della Vigna

Gotteshaus mit kleinem Weinberg, wo der hl. Markus strandete

■ Vaporetto-Station Celestia
■ Campo San Francesco della Vigna, Castello 2786, Tel. 041/520 61 02, tgl. 8–12.30 und 15–19 Uhr

Die Kirche verdankt ihren Namen dem Weingarten, den Marco Ziani, Sohn des Dogen Pietro, zusammen mit einer dem heiligen Markus geweihten Kapelle 1253 den Franziskanern überließ. Der Legende nach soll Markus hier gestrandet und von einem Engel mit den Worten »Pax tibi Marce Evangelista meus …« (Friede sei mit dir, Markus, mein Evangelist) geweckt worden sein. In dem Weingarten errichtete Marino da Pisa um 1300 eine kleine gotische Kirche, die der Doge und der Senat aufgrund dieser Geschichte einmal im Jahr besuchten. Wie die Basilica di San Marco repräsentierte die Kirche den Kult für den Stadtpatron Venedigs und hatte eine strategische Lage am Rande der Lagune – auch der 69 m hohe Glockenturm ähnelt dem der größeren Basilika. Nach einem Entwurf von Sansovino und später von Palladio wurde die Kirche im Renaissancestil umgebaut. Innen bewundert man die vielen Kapellen, vor allem die mit reichlichen Marmorarbeiten geschmückte Cappella Giustinian.

51 Fondazione Querini Stampalia

Großartige Gemäldegalerie mit erstaunlicher Bibliothek

■ Vaporetto-Station San Zaccaria
■ Santa Maria Formosa, Castello 5252, Tel. 041/271 14 11, www.querinistampalia.org, Di–So 10–18 Uhr, 14 €, erm. 10 €

Über 17 Säle verfügt das mit schönen Möbeln, Porzellan, Stoffen, Murano-Glas, Skulpturen und über 400 Gemälden ausgestattete Museum im Palazzo Querini Stampalia aus dem 16. Jh. Die Gemäldesammlung, zusammen mit dem Palast und einer Bibliothek mit 375 000 Bänden, hinterließ der kinderlose Giovanni Querini Stampalia 1868 der Stadt. 1869 wurde der Palast zum Sitz der gleichnamigen Stiftung. Im Saal 2 kann man das Highlight der Sammlung bestaunen: Giovanni Bellinis Darstellung »Jesus Christus im Tempel«, die lange seinem Schwager Andrea Mantegna zugeschrieben wurde. Neben Werken von Palma il Vecchio, Palma il Giovane und Tiepolo bestechen vor allem 30 kleine Bilder des venezianischen Malers Pietro

Im Blickpunkt

Grandiose Maskerade – Karneval in Venedig

Farbenfrohe, originelle Masken und kunstvolle, verführerische Kostüme spielen die Hauptrolle während des Carnevale in Venedig. Diese Tradition begann im 18. Jh. mit mehreren Bällen auf der Piazza San Marco, aber bereits im Mittelalter wurde so der Beginn der Fastenzeit gefeiert. Im 17. Jh. trug man in Venedig die sogenannte Bauta: Sie bestand aus einer weißen Maske und einem schwarzen Mantel und sicherte die vollkommene Anonymität zu. Napoleon verbot 1797 das inzwischen respektlos gewordene Treiben über den ganzen Winter hinweg. Der Karneval verlor an Bedeutung, doch 1979 wurde er wieder zum Leben erweckt. Seitdem wird der Carnevale mit verschiedenen Veranstaltungen, Maskenbällen, Barockmusik und unzähligen Touristen wieder zelebriert. *www.carnevale.venezia.it*

Longhi, der mit außerordentlicher Grazie den Alltag der Venezianer darstellt. Ein ganzer Saal ist den Bildern des Dekorateurs Gabriel Bella gewidmet, der Mitte des 18. Jh. interessante Szenen des öffentlichen Lebens in Venedig malte, wie beispielsweise die Regatta der Frauen auf dem Canal Grande. Das Erdgeschoss des Palastes wurde 1963 vom Stararchitekten Carlo Scarpa durch eine moderne Restaurierungsarbeit umgestaltet. Vollendet wurde die Restaurierung 2003 von Mario Botta. Ein Bookshop und ein Kaffeehaus vervollständigen das Angebot der Stiftung, die auch Ausstellungen veranstaltet.

Einkaufen

Il Canovaccio In dem wunderbaren Laden werden Masken verkauft, die seit 1985 nach traditionellen Techniken im nahen Atelier hergestellt werden. Führungen zur Geschichte der venezianischen Masken sind möglich. ■ Calle delle Bande, Castello 5369/70, Tel. 041/ 521 03 93, www.kartaruga.it

52 Santa Maria Formosa

Weiße Kirche aus der Renaissancezeit mit zwei Fassaden

■ Vaporetto-Station San Zaccaria
■ Campo Santa Maria Formosa, Castello 5263, www.chorusvenezia.org, Mo–Sa 10.30–16.30 Uhr, 3 €, erm. 1,50 €, oder mit Chorus-Pass

Die Kirche auf der Südseite des weitläufigen und lebendigen Platzes, der von eleganten Palazzi und zahlreichen Lokalen gesäumt wird, besitzt zwei

Die Kirche Santa Maria Formosa dominiert den gleichnamigen Campo

schöne Fassaden. Während die 1541 im Renaissancestil gebaute Hauptfassade auf den Kanal blickt, schaut die nördliche Barockfassade von 1604 auf den Platz: Beide wurden von der Familie Cappello in Auftrag gegeben. Das Gebäude wird als Meisterstück von Mauro Codussi bezeichnet, der es 1492 auf den Überresten einer im 7. Jh. erbauten Kirche errichtete. Auf jeder Seite des frei stehenden, weiß verputzten Glockenturms ist eine Uhr zu sehen. Das Polyptychon »Heilige Barbara mit Pieta und Heiligen« gilt als Hauptwerk von Palma il Vecchio.

Restaurants

€ | Al Portego Ein Paradies für die Liebhaber der »cicheti«: Wer mittags einen Platz in diesem winzigen »bacaro« ergattert, der sollte sich unbedingt ein Risotto »al nero di seppia« (Reis mit Tintenfisch) schmecken lassen. Es ist einfach köstlich. ■ Salizzada San Lio, Castello 6014, Tel. 041/522 90 38

Einkaufen

Acqua Alta Ein Buchladen mit Gondeln, Booten und Badewannen als Regale, wo Katzen über die unzähligen Bücher wachen. ■ Calle Longa Santa Maria Formosa, Castello 5176/b, Tel. 041/ 296 08 41

53 Santi Giovanni e Paolo

8 *Die größte Kirche Venedigs am Platz der Wunder*

■ Vaporetto-Station Ospedale
■ Campo San Giovanni e Paolo, Castello 6363, www.basilicasantigiovanniepaolo.it, Mo–Sa 9–18, So, Fei ab 12 Uhr

Die riesige gotische Kirche aus Backstein kommt – ganz im Sinne des Dominikanerordens – bescheiden daher, vor allem im Vergleich zu der wunderbaren, angeschlossenen Fassade der Scuola Grande di San Marco. Sie blickt am gleichnamigen großen Platz, den die Venezianer auch »delle Meravegie« (der Wunder) nennen, auf den ruhigen und malerischen Rio dei Mendicanti. In diesem Gotteshaus, das die Einheimischen als Zanipòlo bezeichnen, wurden ab dem 15. Jh. die Dogen bestattet. Eine erste Kirche wurde bereits 1246 erbaut, erwies sich aber rasch als zu klein, sodass man sie vergrößerte: Erst 1430 wurde sie eingeweiht. Zanipòlo präsentiert sich heute als dreischiffige Säulenbasilika mit Querhaus. Das Hauptportal mit byzantinischen Reliefs ist mit Marmorsäulen einer alten Kirche von Torcello verschönert. Der 101,60 m lange und 45,80 m breite Kirchenraum bewahrt nicht nur die erlesenen Grabstätten von 25 Dogen – wahren Meisterwerken feinster Steinmetzkunst –, sondern auch ein Deckengemälde in der Cappella San Domenico von Piazzetta und die »Anbetung der Hirten« von Veronese, welche die Cappella del Rosario schmückt.

Unter den Grabstätten besticht die des Dogen Pietro Mocenigo, die von Pietro und Tullio Lombardo aus istrischem Stein gefertigt wurde.

In der Backsteinkirche Santi Giovanni e Paolo wurden zahlreiche Dogen bestattet

Sehenswert

Monumento Colleoni

| Statue |

Die großartige Reiterstatue zieht auf dem Platz alle Blicke auf sich: Der Florentiner Künstler Andrea Verrocchio schuf 1496 eines der schönsten Reitermonumente weltweit. Dargestellt ist Bartolomeo Colleoni, ein Kommandant der Söldnertruppen Venedigs: Der Berufssoldat hinterließ 1476 der Seerepublik ein Vermögen, unter der Bedingung, es für ein Standbild von ihm vor der Basilica di San Marco zu verwenden. Der Senat beschloss aber, seine Statue hier zu errichten.

■ Campo Santi Giovanni e Paolo

Scuola Grande di San Marco

| Scuola |

Begeistert staunt man über die prächtige, asymmetrische Fassade der Scuola Grande di San Marco links neben der Kirche. Üppig mit Arkaden, Marmorplatten und perspektivischen Nischen geschmückt, gehört sie zum Stadtkrankenhaus Ss. Giovanni e Paolo. Das Gebäude der 1260 gegründeten Bruderschaft, die den heiligen Markus verehrte, wurde von Pietro Lombardo und danach Mauro Codussi im Renaissancestil konzipiert. In der großen Erdgeschosshalle ragen zehn Säulen mit korinthischen Kapitellen empor. Mit exquisiten, teilweise vergoldeten Holzdecken sind die Sala Capitolare und die Sala dell'Albergo verziert, wo Werke von Tintoretto und Palma il Giovane aufbewahrt werden. In der Sala Capitolare bestaunt man die Vitrinen mit den Sammlungen des Medizinhistorischen Museums und in der Sala dell'Albergo wertvolle Buchbände aus der historischen medizinischen Bibliothek.

■ Im Ospedale SS. Giovanni e Paolo, Tel. 041/529 43 23, www.scuolagrandesanmarco.it, Di–Sa und 1. So im Monat 9.30–17.30 Uhr, 5 €, erm. 3 €

Cafés

Rosa Salva Bekannte exquisite Patisserie mit venezianischen Spezialitäten am Campo: die süße Krönung für ein selbst zubereitetes Abendessen. Ebenfalls ein Genuss: das Eis! ■ Campo Santi Giovanni e Paolo, Castello 6779, Tel. 041/522 79 49, www.rosasalva.it

Vizio Virtù Eine köstliche Adresse für Schokolade und Pralinen-Nascher, sogar Masken aus Schokolade findet man hier. ■ Calle Forneri, Castello 5988, Tel. 041/275 01 49, www.viziovirtu.com

Am Abend

Wenn die Lichter in der Lagunenstadt brennen, ist ein Spaziergang an der Uferpromenade Riva degli Schiavoni ein echtes Erlebnis. Während der Biennale Arte finden ab und zu abendliche Veranstaltungen auch in diesem Stadtviertel statt, und in den Wochen der Biennale Teatro werden in den Theatern des Arsenale Stücke gespielt, aber die glamourösen Events werden in anderen »sestieri« organisiert. Der Stadtteil gilt nicht als Zentrum der Nachtlebens, hier geht es in den späteren Stunden eher ruhiger zu.

Bühne

Teatro Piccolo Arsenale/Teatro le Tese In den Theatern im Arsenale-Areal werden während der Biennale Teatro moderne Theaterstücke inszeniert. Auch in den Sale d'Armi finden Spektakel statt. ■ Campiello Tana, Castello 2169/F, Vaporetto-Station Arsenale, Tel. 041/521 87 11, www.labiennale.org

Konzerte

Chiesa della Pietà Hier, wo der berühmte Barock-Komponist und Musiker Antonio Vivaldi viele seiner Meisterwerke komponierte, kann man bei den Konzerten der Virtuosi Italiani Vivaldis Musik genießen. ■ Riva degli Schiavoni 4152, Vaporetto-Station San Zaccaria, www.pietavenezia.org

Palazzo delle Prigioni Nuove Ein ehemaliges Gefängnis als Ort kultureller Erbauung! Die Konzerte klassischer, barocker und lyrischer Musik finden in dem Palazzo statt, der durch den Ponte dei Sospiri (die Seufzerbrücke) mit dem Dogenpalast verbunden ist. ■ Calle degli Albanesi, Castello 4209, Vaporetto-Station San Zaccaria, www.classictic.com

Kneipen, Bars und Clubs

Birreria al Vecio Penasa In der Nähe des Markusplatzes, gute Bierauswahl und typisch venezianisches Fingerfood. ■ Calle delle Rasse, Castello 4585, Vaporetto-Station San Zaccaria, Tel. 041/523 72 02, tgl. 7–1 Uhr

Birreria Forst Bier, Wein und dazu »cicheti« zum fairen Preis, bei den Einheimischen sehr beliebt. ■ Calle delle Rasse, Castello 4540, Vaporetto-Station San Zaccaria, Tel. 041/523 05 57, tgl. 9.30–23 Uhr

Enoiteca Mascareta Für Weinliebhaber und Feinschmecker, die viel Wert auf gesunde, lokale und unverfälschte Produkte legen, gibt es das kleine historische »bacaro«, wo man den Abend und die Nacht in familiärem Ambiente verbringen kann. ■ Calle Lunga Santa Maria Formosa, Castello 5183, Vaporetto-Station Ospedale, Tel. 041/523 07 44, tgl. 19–2 Uhr

Inishark Gute Bierauswahl im typischen irischen Pub, serviert an der Theke – es kann passieren, dass die Gäste ein Fußballspiel im Fernsehen schauen. ■ Calle del Mondo Novo, Castello 5787, Vaporetto-Station Rialto, Tel. 041/523 53 00, www.inisharkpub.com, Mo geschl.

Übernachten

Wenn man sich von der Riva degli Schiavoni entfernt, wo historische Häuser wie das Hotel Danieli liegen, findet man neben anspruchsvollen, aber noch bezahlbaren Quartieren auch charmante Hotels und gut gepflegte B&Bs, in optimaler und ruhiger Lage, zu guten Preisen – für venezianische Verhältnisse!

€

B&B S. Marco Von den drei gepflegten Zimmern im dritten Stock aus genießt man einen schönen Blick auf den Kanal. Das B&B mit gutem Preis-Leistungs-Verhältnis befindet sich in günstiger zentraler Lage. ■ Fondamenta S. Giorgio degli Schiavoni, Castello 3385/L, Vaporetto-Station San Zaccaria, Tel. 041/522 75 89, www.realvenice.it/smarco_index.htm

Ca' Formenta Am Anfang der Via Garibaldi gelegen, bietet das kleine Hotel saubere Zimmer mit internationalem Frühstück, freundliches Personal und einen schönen Blick auf das Becken von San Marco. ■ Via Garibaldi, 1650 Castello, Vaporetto-Station Arsenale, Tel. 041/528 54 94, www.hotelcaformenta.it

Gli Angeli Das kleine B&B in einem Gebäude aus dem 15. Jh. liegt wenige Schritte von der Schiffswerft Arsenale entfernt und verfügt über liebevoll im venezianischen Stil eingerichtete Zimmer. ■ Campo della Tana, Castello 2161, Vaporetto-Station Arsenale, Tel. 041/523 08 02, www.gliangeli.net

€€

18 **Hotel da Bruno** Man fühlt sich wohl, fast wie zu Hause, in diesem traditionsreichen Hotel, das in einer strategischen Position zwischen Rialto und der Piazza San Marco liegt. In fünf Minuten erreicht man zu Fuß den Vaporetto und in ein paar Minuten mehr ist man auf der Piazza San Marco. Seit drei Generationen empfangen die Inhaber des Hauses ihre Gäste, und das tun sie hervorragend! Das Haus verfügt über komfortable, elegant ausgestattete Zimmer, das Frühstücksbüfett mit frischem Obst lässt keinen Wunsch offen, und das sehr freundliche Personal ist ständig um die Gäste bemüht. ■ Salizzada San Lio, Castello 5726/A, Vaporetto-Station Rialto, Tel. 041/523 04 52, www.hoteldabruno.com

Locanda Casa Querini Trotz der Nähe zur Piazza San Marco bietet die gepflegte Locanda einen ruhigen Aufenthalt in gemütlichen und im typisch venezianischen Stil eingerichteten Zimmern. ■ Campo San Giovanni Novo, Castello 4388, Vaporetto-Station San Zaccaria, Tel. 041/241 12 94, www.locandaquerini.com

€€€

Bucintoro Alle 20 Zimmer des Luxushotels blicken auf das Becken von San Marco, San Giorgio Maggiore und die Punta della Dogana. Für Möbel und Accessoires hat man sich von großen Segelschiffen inspirieren lassen. ■ Riva San Biagio, Castello 2135/a, Vaporetto-Station Arsenale, Tel. 041/528 99 09, www.hotelbucintoro.com

Cannaregio – das historische Händlerviertel

Stille Spaziergänge jenseits der Touristenachsen und eine interessante Entdeckungstour durch das ehemalige jüdische Ghetto

Der Name des zweitgrößten Stadtteils Venedigs geht wahrscheinlich auf das Riedgras (ital. canna) zurück, das den großen Kanal dieses Viertels säumte, oder aber auf seine alte Benennung: Canal Regio. Der »sestiere« nördlich des Canal Grande genießt den offenen Blick auf die Lagune, die Brücke der Freiheit und das Festland. Direkt gegenüber liegt die Insel San Michele, der Friedhof der Stadt. Die Hauptadern, Lista di Spagna und Strada Nuova, sind tagsüber von Touristenmassen bevölkert, die sich zu Fuß Richtung Rialto und San Marco begeben. Lange und weite, fast geradlinige Fondamenta umrahmen das Stadtviertel, in dem die Bahn ankommt. Im Herzen Cannaregios entdeckt man jedoch zeitlos stille Ecken, wo man nur wenigen Passanten begegnet. Mit bezaubernd geschmückten Fassaden, die davon zeugen, dass Cannaregio einst ein Händlerviertel war: Marco Polo hatte hier seinen Wohnsitz! Schnell verliebt man sich in die Schönheit dieses Stadtteils, der neben großartigen Kunstschätzen, wie der entzückenden Kirche Santa Maria dei Miracoli oder dem fabelhaften Palazzo Ca' d'Oro am Canal Grande, verborgene Gärten birgt. Spätestens am Abend beleben sich die Straßen: In den traditionellen »bacari« verbringt man den Feierabend beim typisch venezianischen Fingerfood. Ein eigenes Viertel im Stadtviertel ist das ehemalige jüdische Ghetto, das älteste der Welt: Hier löste man das Problem der Raumknappheit durch sehr hohe Wohnhäuser mit engen Passagen, selbst die Synagogen verstecken sich hinter gewöhnlichen Häuserfassaden. Nicht nur durch die Architektur wird an die Geschichte des venezianischen Ghettos erinnert: Auch ein paar koschere Lokale tragen zum jüdischen Flair bei.

In diesem Kapitel:

54 Santa Maria dei Miracoli 142
55 Campo Santi Apostoli 143
56 Chiesa dei Gesuiti 143
57 Ca' d'Oro 144
58 Palazzo Vendramin Calergi 144
59 Madonna dell'Orto 145
60 Sant' Alvise 146

61 **Ghetto** 146
62 **Santa Maria di Nazareth** 149
63 **Ponte della Costituzione** 149
Am Abend/Übernachten 150

ADAC Top Tipps:

9 **Ghetto**
| Stadtbild |
In der ersten jüdischen Enklave Europas wohnen heute auch Nicht-Juden und erleben jüdische Geschichte und Traditionen hautnah. Führungen leiten Sie auch in die versteckt gelegenen Synagogen. 146

ADAC Empfehlungen:

19 **Santa Maria dei Miracoli**
| Kirche |
Das wunderbare Juwel der Renaissance-Architektur wurde nur gebaut, um ein einziges Marienbild aufzubewahren. Heute ist es eine beliebte Hochzeitskirche. 142

20 **Ca' d'Oro**
| Kunstsammlung |
Der schönste Palazzo am Canal Grande zeigt in der Galleria Giorgio Franchetti eine außerordentlich reiche Kunstsammlung. 144

21 **Hotel Principe**
| Hotel |
Elegantes Haus mit einer Terrasse am Canal Grande und schönem Blick auf die Scalzi-Brücke. 151

Man kann sie fast ganz umrunden: die Kirche Santa Maria dei Miracoli

54 Santa Maria dei Miracoli

19 *Entzückendes Schmuckstück der Renaissance in exponierter Lage*

- Vaporetto-Station Rialto
- Campiello dei Miracoli, Cannaregio 6075, www.chorusvenezia.org, Mo–Sa 10.30–16.30 Uhr, 3 €, erm. 1,50 €, oder mit Chorus-Pass

Wie ein »miracolo« (Wunder auf Italienisch) wirkt diese Kirche, deren exquisite bunte Marmorverkleidung und halbkreisförmige Lünette jeden beeindruckt. Sie liegt am Kanal, ist von allen Seiten aus zu betrachten – was in Venedig Seltenheitswert hat – und erscheint wie ein Schiff. Die Familie Amadi stiftete das Gotteshaus, um ein Marienbild von 1408 aufzubewahren, das heute über dem Altar thront und das man für wundertätig hielt. Man beauftragte Pietro Lombardo, der in den Jahren 1481–89 dieses Meisterwerk der Renaissance auf einem winzig kleinen, nahezu rechteckigen Grundstück errichtete. Wenn die Sonne das einschiffige Kircheninnere mit einem Tonnengewölbe beleuchtet, kommt die Pracht der inneren Verkleidung in Rosa- und Graunuancen besonders gut zur Geltung. Dann versteht man, warum die Venezianer sie als »bomboniera« (Schmuckkästchen) bezeichnen und hier gerne ihre Hochzeiten zelebrieren: Der erhöhte Altarraum mit feinsten Marmorintarsien ist dafür perfekt geeignet. Geschmückt wird die Kirche durch eine kostbare Marmorverkleidung an den Wänden und eine hölzerne Kassettendecke mit 50 Propheten- und Heiligenbildern. Sehenswert ist auch die Verzierung der Wendeltreppe.

55 Campo Santi Apostoli

Lebendiger Platz in strategischer Position, der zum Verweilen einlädt

■ Vaporetto-Station Ca' d'Oro

Der belebte Campo ist eine wichtige Kreuzung und verbindet die Straße nach Rialto und San Marco mit der Strada Nuova, die zum Hauptbahnhof führt, und anderen Straßen Richtung Norden. Bänke laden zum Verweilen ein: Dabei bestaunt man den charakteristischen Turm der Kirche Santi Apostoli.

Sehenswert

Santi Apostoli
| Kirche |
Mit seiner Zwiebelhaube erreicht der Kirchturm aus Ziegeln und mit einem Sockel aus istrischem Kalkstein 47 m Höhe. Der Überlieferung nach befand sich hier eine der ersten Ansiedlungen Venedigs. Die Gründung einer ersten Kirche geht auf das 7. Jh. zurück. Wie der Campanile fiel auch die Kirche 1105 einem Brand zum Opfer. Mehrmals umgebaut, wurde sie 1575 wieder errichtet. Im Kircheninneren wird das elegante Grabmal des Dogen Marco Corner von Ende des 15. Jh. in der Cappella Corner, wahrscheinlich von Mauro Codussi, aufbewahrt.
■ Campo SS. Apostoli, Cannaregio 4542

Einkaufen

Giacomo Rizzo Das Feinkostgeschäft ist ein Eldorado für Nudelfans! ■ Salizada San Giovanni Crisostomo, Cannaregio 5778, Tel. 041/522 28 24

56 Chiesa dei Gesuiti

Eine prunkvolle barocke Fassade als Entree der Jesuitenkirche

■ Vaporetto-Station Fondamenta Nuove
■ Salizada de la Spechiera, Cannaregio 4877, Tel. 041/523 16 10, tgl. 10–12 und 16–18 Uhr

Obwohl die Kirche Santa Maria Assunta heißt, wird sie von den Venezianern Gesuiti genannt, weil der Jesuitenorden sie von den Kreuzrittern kaufte und durch Domenico Rossi 1715–30 im Barockstil umbauen ließ. Die Kirche imponiert mit ihrer prächtigen weißen Barockfassade, aber auch der einschiffige Innenraum besticht mit der weißen und grünen Marmorverkleidung der Wände. Die erste nördliche Seitenkapelle birgt Tizians »Martyrium des heiligen Laurentius«, ein Ölgemälde von 1558 mit einer beeindruckenden Nachtszene. In der Sakristei findet man auch 20 Gemälde von Jacopo Palma il Giovane.

ADAC *Wussten Sie schon?*

Marco Polo, der berühmteste Venezianer, gehörte zu einer Händlerfamilie. Erst mit 17 Jahren begann er 1271 mit Vater und Onkel seine wunderbare Reise, die ihn bis nach China führte. 24 Jahre später kehrte er nach Venedig zurück, mit in den Säumen seiner Kleider versteckten Edelsteinen. Sein Wohnhaus stand am kleinen Platz Corte Seconda de Milion, der an seinen berühmten Reisebericht »Il Milione« erinnert. Venedigs Flughafen trägt heute seinen Namen.

57 Ca' d'Oro

20 *Palazzo am Canal Grande mit Meisterwerken der Kunst*

- Vaporetto-Station Ca' d'Oro
- Cannaregio 3932, Tel. 041/520 03 45, www.cadoro.org, Mo 8.15–14, Di–Sa bis 19.15, So, Fei 9–19 Uhr, 11 €, erm. 5,50 €

Als Meisterstück der Spätgotik gilt der Palast am Canal Grande, der zweifelsohne eine der meistbewunderten Sehenswürdigkeiten Venedigs ist. Zwischen 1422 und 1440 gebaut, wurde der Palazzo mit feinsten filigranen Spitzenmustern aus weißem Stein verziert, die an Spitzen erinnern. Die mit Ultramarin bemalte und mit Goldornamenten geschmückte Marmorfassade sorgte früher für grandiose goldene Lichteffekte – daher stammt auch der Name des Gebäudes. Seit 1927 beherbergt es die Galleria Giorgio Franchetti, die großartige Kunstsammlung des Barons Franchetti: Der Kunstliebhaber erwarb den Palast 1895 und vermachte ihn und seine Sammlungen 1916 der Stadt. Seine Liebe für die Kunst brachte ihn dazu, die Vorhalle mit erlesenen Bodenmosaiken aus buntem Marmor auszukleiden. Höhepunkte des Besuchs sind Mantegnas »Heiliger Sebastian« von 1506 und die »Verkündigung« von Carpaccio und seinen Schülern von 1504 im ersten Stock; im zweiten Stock wartet Tizians »Venus« auf einen Besuch. Im Innenhof begeistert der Marmorbrunnen von Bartolomeo Bon.

58 Palazzo Vendramin Calergi

Richard Wagners einstige Wohnung in der Lagunenstadt

- Vaporetto-Station San Marcuola
- Ca' Vendrami Calergi, Cannaregio 2040, www.casinovenezia.it, die Associazione Richard Wagner, Tel. 041/276 04 07, bietet nur auf Anfrage Di, Sa vormittags, Do nachmittags Führungen (Trinkgeld)

Untrennbar mit dem Namen Tintoretto verbunden: die Kirche Madonna dell'Orto

1882 mietete Richard Wagner einige Zimmer im Mezzanin des Palastes am Canal Grande, wo er seine letzten Monate verbrachte und am 13. Februar 1883 starb. Heute ist dieses Apartment die zweitgrößte private Sammlung, die sich dem berühmten Komponisten widmet, nach der in Bayreuth. Sekretäre, Schreibtische, ein Flügel, Lampen und Gemälde vermitteln eine wohnliche Atmosphäre. Man findet auch Schaukästen mit Briefen, Büchern, Schallplatten und Plakaten. In dem Palast von Anfang des 16. Jh. befindet sich heute das Spielcasino der Stadt.

59 Madonna dell'Orto

Tintorettos Kirche und Grabstätte des großen Künstlers

■ Vaporetto-Station Orto
■ Campo della Madonna dell'Orto, Cannaregio 3512, Tel. 041/71 99 93, www.madonnadellorto.org, Mo–Sa 10–17, So, Fei ab 12 Uhr

Seitdem in einem nahe gelegenen Garten (ital. orto) ein Marienbild gefunden wurde, wird die Kirche aus Backstein Madonna dell'Orto genannt. Gegründet wurde sie bereits 1350 an einem »campo« mit Boden aus Terrakottafliesen und istrischem Kalkstein. Ihre reich geschmückte, mit Apostelstatuen versehene schöne Fassade zeigt verschiedene Einflüsse: von der Romanik über die Gotik bis zum Renaissancestil. Das Innere der dreischiffigen Kirche dient als Tresor für eine Reihe eindrucksvoller Gemälde Tintorettos, wie »Das Jüngste Gericht«, »Die Anbetung des goldenen Kalbes« und den »Tempelgang Mariens«. Der große Maler der Renaissance, der in der Nähe lebte, fand in der Kirche, in der rechten Chorkapelle, seine letzte Ruhestätte. Am ersten Altar rechts vom Eingang entdeckt man das bekannte Werk »Johannes der Täufer mit Heiligen« von Cima da Conegliano (1493). Das Gemälde »Muttergottes« (1480) von Giovanni Bellini wurde 1993 aus der Kirche gestohlen.

Die Kuppel des Glockenturmes aus schuppenförmigen Dachziegeln hat einen orientalischen Touch. Die Spitze des Campanile soll manchen Wissenschaftlern zufolge Vorbild für die »Welschen Hauben« der Münchner Frauenkirche gewesen sein.

Im Blickpunkt

Bacari – Treffpunkt zum Aperitif

»Andar per bacari« (von Kneipe zu Kneipe gehen) ist die Quintessenz des Aperitifs in Venedig. Alle schätzen diese Happy Hour: vor dem Mittagessen und nach Feierabend. Die »cicheti« (kleine Happen) lässt man sich in einem »bacaro«, der typisch venezianischen Kneipe, am Tresen schmecken. Angeboten werden gegrillter Tintenfisch, »folpetti« (gekochte Kraken), Nacktschnecken, »baccalà« (Stockfisch) mit Polenta, Fleischbällchen, Spießchen, frittiertes und gegrilltes Gemüse, mit Wurst und Salami belegte Panini etc. Dazu gehören eine »ombra« (ein Glas Wein) oder ein Spritz und die Unterhaltung. Aber aufgepasst! Dieser Aperitif macht süchtig: Den Abend beendet man womöglich mit weiteren »cicheti« in einer anderen Kneipe.

Sehenswert

Casa del Tintoretto
| Architektur |
Nahe der Kirche kann man die gotische Hausfassade, die mit der Statue eines orientalischen Kaufmannes mit Turban verziert ist, nicht übersehen: Hier lebte Tintoretto (eigentlich Jacopo Robusti) mit seiner Familie bis zu seinem Tod 1594, an den eine Gedenktafel an der Wand erinnert.
■ Fondamenta dei Mori, Cannaregio 3399

Restaurants

€ | **Il Paradiso Perduto** Allerlei »cicheti« wie »baccalà mantecato« (Stockfischmus) und »fritto misto« mit Polenta genießt man am Tresen der historischen Osteria. Am Abend wird oft Livemusik gespielt. ■ Fondamenta della Misericordia, Cannaregio 2540, Tel. 041/72 05 81, Di, Mi geschl.

60 Sant' Alvise

Mit typisch venezianischem Namen und drei Werken Tiepolos

■ Vaporetto-Station Sant' Alvise
■ Campo Sant'Alvise, Cannaregio, www.chorusvenezia.org, Mo–Sa 10.30–16.30, 3 €, erm. 1,50 €, oder mit Chorus-Pass

Einsam wirkt die einfache Kirche von 1388 am gleichnamigen Platz, der nur von ein paar Bäumen geschmückt wird. Eigentlich ist sie dem heiligen Ludwig, Bischof von Toulouse, gewidmet, dessen Name in venezianischer Mundart wie Alvise klang. Die komplett bemalte Decke und die hölzerne Nonnenempore im Inneren beeindrucken. In der von der Adeligen Antonia Venier gestifteten Kirche sind auch drei Werke Tiepolos untergebracht.

Restaurants

€ | **Osteria ai 40 ladroni** In diesem stimmungsvollen, ruhigen Lokal mit bunten Stühlen und mit Szenen von Fischen und Booten an den bemalten Wänden genießt man eine gute Fischküche – im Sommer auch im idyllischen Garten. ■ Fondamenta della Sensa, Cannaregio 3253, Tel. 041/71 57 36, Mo geschl.

Kinder

Parco Villa Groggia Ein großer ruhiger öffentlicher Garten mit Ludothek, Kindertheater und Spielplatz. ■ Cannaregio 3161, Tel. 041/71 95 80

Sport

Piscina Sant' Alvise Diese große Schwimmhalle mit Blick auf die Lagune bietet auch Sommerkurse für Kinder. ■ Cannaregio 3163, Tel. 041/524 05 38

61 Ghetto

9 *Im ältesten Ghetto der Welt: Synagogen und jüdisches Alltagsleben*

■ Vaporetto-Stationen San Marcuola und Guglie
■ www.jvenice.org

Durch das unscheinbare Eingangstor gelangt man in das ehemalige jüdische Ghetto Venedigs. In dieses isolierte Stadtgebiet wurden per Senatsbeschluss 1516 alle venezianischen Juden umgesiedelt. Nur zwei bewachte Zu-

Koscheres Gebäck wird in den Läden des einstigen jüdischen Ghettos angeboten

gänge führten hierher, von Sonnenunter- bis Sonnenaufgang durften die Juden das Areal nicht verlassen. Auf diese Weise entstand das erste Ghetto der Geschichte, und von hier verbreitete sich die Bezeichnung Ghetto (von »geto«, venezianisch für Gießerei), da sich an dieser Stelle einst eine Eisengießerei befand. Erst unter Napoleon wurde das Ghetto geöffnet.

Zuerst gelangt man ins Ghetto Vecchio, wo sich noch heute Synagogen befinden, deren Fassaden sich nicht von den anderen Häusern unterscheiden. Wegen der rasch anwachsenden Bevölkerung wurde das Ghetto im Laufe seiner Geschichte zweimal erweitert, 1541 wurde den Juden das Ghetto Vecchio zugewiesen. Über eine kleine Brücke gelangt man zum Ghetto Nuovo, das sich mit engen »calli« und versteckten Passagen um einen streng bewachten, baumbestandenen Platz erstreckt. Hier bilden hohe pastellfarbene Fassaden eine lückenlose Front: In dieser geschlossenen Gemeinde, wo Mitte des 17. Jh. bis zu 5000 Menschen lebten, musste man den Raum optimal nutzen.

Auf dem Campo hält eine Gedenkstätte die Erinnerung an die 246 Juden wach, die 1944 von hier aus in die Vernichtungslager des Ostens deportiert wurden. Nur acht kehrten zurück in die Lagunenstadt. Unweit davon befindet sich an der Wand das Holocaust-Mahnmal »Der Abtransport«. Im Ghetto leben heute neben Nicht-Juden einige der insgesamt 450 in Venedig verbliebenen Juden. Für sie sind zwei der noch existierenden fünf Synagogen in Betrieb. Im Ghetto findet man einige koschere Lokale sowie Geschäfte mit koscheren Produkten. Interessant ist der Besuch des kleinen Jüdischen Museums am Campo di Ghetto Novo.

In Santa Maria di Nazareth liegt der letzte Doge Venedigs begraben: Ludovico Manin

Sehenswert

Synagogen und Museo Ebraico

| Museum |

Eine Führung durch die Synagogen, die Seele des Ghettos, wird zum einmaligen Erlebnis. Heute gibt es noch fünf Synagogen in Venedig: Die älteste, die 1527 gebaute Sinagoga Scuola Grande Tedesca mit elliptischer Kuppelgalerie, zeigt eine barocke Innenausstattung, deren Hintergrund durch die typisch venezianischen Farben Rot und Gold geprägt ist. In der Synagoge Scuola Canton von 1531/32 sind acht mit Bibelepisoden gemalte Holzarbeiten aufbewahrt: ein Unikum in ganz Europa. Die Sinagoga Scuola Levantina von der ersten Hälfte des 16. Jh. wurde wahrscheinlich vom Architekten Longhena entworfen. Die größte und prunkvollste Synagoge Venedigs, die Spagnola, wurde in der zweiten Hälfte des 16. Jh. im Barockstil errichtet. Die einfache Sinagoga Italiana ist dank fünf großer, auf den Campo blickender Fenster sehr hell, hat aber keine goldene Verzierung.

Im 1953 eröffneten, kleinen Museum sind kostbare Exponate ausgestellt: silberne Kultobjekte, erlesene Stickereien, wertvolle Stoffe und bestickte Mäntel für die Tora.

■ Campo di Ghetto Novo 2902, Tel. 041/ 71 53 59, www.museoebraico.it, Juni–Sept. 10–19, Okt.–Mai bis 17.30 Uhr, 8 €, erm. 6 €; Führung in die Synagogen stdl. ab 10.30–16.30 (17.30) Uhr, 12 €, erm. 10 €, auf Reservierung auch auf Deutsch

Einkaufen

Panificio Volpe Koscheres Brot und Focaccia sowie süßes Gebäck, wie das Mandelgebäck »empade«, gibt es in der kleinen Bäckerei im Herzen des

Ghettos. ■ Calle Ghetto Vecchio, Cannaregio 1143, Tel. 041/71 51 78

62 Santa Maria di Nazareth

Barocker Prunk mit Garten der Meditation am Hauptbahnhof

■ Vaporetto-Station Ferrovia
■ Fondamenta degli Scalzi, Cannaregio 57, Tel. 041/822 40 06, www.chiesadegliscalzi.it, tgl. 7–12 und 15–18.50 Uhr, www.giardinomistico.it, Führung: Tel. 348/772 84 30, info@giardinomistico.it

Ganz nahe am Hauptbahnhof liegt die Kirche, die jeder in Venedig als Chiesa degli Scalzi (Kirche der barfüßigen Karmelitermönche) kennt. Sie wurde 1654 vom Barockbaumeister Baldassare Longhena entworfen, aber die prächtige helle Barockfassade mit zahlreichen Dekors und Statuen baute Giuseppe Sardi (1672–80). Im üppig geschmückten Kircheninneren bestaunt man bunten Marmor, vergoldete Verzierungen und glänzende Skulpturen. In der Cappella Manin ist der letzte Doge Venedigs begraben. Den besten Ausblick auf die Kirche hat man von der Scalzi-Brücke gegenüber. Zur Kirche gehört auch ein Kloster mit Gärten, wo verschiedene antike Weinreben und Melisse angebaut werden.

Cafés

Dal Mas Immer voll ist die traditionsreiche Konditorei und Chocolaterie, die 1906 gegründet wurde und mit himmlischem Gebäck und Schokopralinen lockt. ■ Lista di Spagna, Cannaregio 149-150/A, Tel. 041/71 51 01, www.cioccolateriadalmas.com

Einkaufen

Punto Amico In dem der Kirche angeschlossenen Laden wird hauptsächlich von den Mönchen hergestellte Melisse verkauft. ■ Fondamenta degli Scalzi, Cannaregio 54.

Kinder

Parco Savorgnan Spielplatz ganz in der Nähe des Hauptbahnhofs in einem großen öffentlichen und ruhigen Park. ■ Eingang: Fondamenta Venier Sebastiano und Calle Pesaro Cannaregio

63 Ponte della Costituzione

Die jüngste Brücke über den Canal Grande ist ein moderner Blickfang

■ Vaporetto-Stationen Piazzale Roma und Ferrovia

Zwischen dem Piazzale Roma und dem Bahnhof spannt sich die moderne, 94 m lange Brücke Ponte della Costituzione (im Volksmund Calatrava), die 2007 vom spanischen Architekten Santiago Calatrava als vierte Brücke über den Canal Grande aus Stahl, Glas und istrischem Kalkstein erbaut wurde. Nachts ist die von vielen Lampen beleuchtete Brücke sehr stimmungsvoll. Sie hat eine maximale Breite von 9 m und eine Höhe von knapp 10 m.

ADAC *Spartipp*

Machen Sie es wie die Venezianer: Trinken Sie den **Kaffee an der Theke** (»al banco«), das ist kommunikativer und deutlich günstiger als bei Bestellung am Tisch.

Am Abend

Der Abend beginnt mit einem typischen Aperitif in einem »bacaro«, später lässt man ihn in einem Lokal mit Blick auf den Canal Grande oder an einem Kanalufer ausklingen. Wer das kulturelle Angebot schätzt, bekommt Anregungen im schönen Theater Malibran, wo auch der junge Carlo Goldoni spielte. Möchte man einen Abend mit hohem Adrenalinfaktor erleben, entscheidet man sich für das Spielcasino am Canal Grande.

Bühne

Teatro Malibran Lyrische Musik und Theaterstücke gehören zum Spielplan des nach der Opernsängerin und Künstlerin Maria Malibran (1808–36) benannten Theaters, das bereits seit 1678 existiert. ■ Campiello del Teatro, Cannaregio 511, Vaporetto-Station Rialto, Tel. 041/965 19 75, www.teatrolafenice.it

Kneipen, Bars und Clubs

Al Parlamento Bei jüngeren Leuten beliebt: die Adresse für Aperitifs und Cocktails mit Tisch am Kanalufer. ■ Fondamenta Savorgnan, Cannaregio 511, Vaporetto-Station Crea, Tel. 041/244 02 14, www.alparlamento.it, bis 1.30 Uhr

Al Timon Nach den leckeren »cicheti« kann man auch im traditionellen »bacaro« schmackhafte Fleischgerichte genießen. ■ Fondamenta degli Ormesini, Cannaregio 2754, Vaporetto-Station S. Alvise, Tel. 041/524 60 66, bis 1 Uhr

Taverna al Remer Happy Hour ab 17.30 Uhr und Livemusik in dem vom Massentourismus verschonten, urigen Lokal. ■ Campiello del Remer, Cannaregio 5701, Vaporetto-Station Ca' D'Oro, Tel. 041/522 87 89, www.alremer.it

Casinos

Casinò di Venezia Wer gerne spielt, kann sich in der traditionsreichen Spielbank vergnügen. Hat man kein Jackett, kann man sich eines im Spielcasino leihen. ■ Ca' Vendramin Calergi, Cannaregio 2040, Vaporetto-Station Casino di Venezia, Tel. 041/52 97 11, www.casinovenezia.it

Übernachten

Unvermutete Gärten verstecken sich an einigen Hotels, die in der Nähe des Hauptbahnhofs liegen und schöne Ausblicke auf den Canal Grande oder die inneren Kanäle bieten. Um die Laguneninseln zu erreichen, wählt man ein ruhiges Hotel im Norden des »sestiere«. Auch im Ghetto stehen interessante Hotels zur Verfügung.

€

Giardino dei Melograni Jedes Zimmer des koscheren Hotels ist einer biblischen Blume oder Pflanze gewidmet. Das Hotel erreicht man durch einen wunderschönen Garten mit Granatapfelbäumen. ■ Campo del Ghetto Nuovo, Cannaregio 2873/c, Vaporetto-Station Guglie, Tel. 041/822 61 31, www.pardesrimonim.net

Locanda Santi Apostoli Die Locanda befindet sich im dritten Stockwerk des Palazzo Michiel del Brusà. Die zehn eleganten, im typisch venezianischen Stil eingerichteten Zimmer umrahmen den zentralen Salon, der auf den Canal Grande blickt und wo man frühstückt. Aufzug bis zum 3. Stock. ■ Campo Santi Apostoli, Cannaregio 4391 A, Vaporetto-Station Ca' D'Oro, Tel. 041/241 16 52, www.locandasantiapostoli.com

€€

Eurostars Residenza Cannaregio
Man kann auch durch eine typische »porta d'acqua« das Hotel vom Kanal her erreichen, das in ruhiger Lage über 64 komfortable Zimmer verfügt. Das reichhaltige Frühstück wird in den warmen Sommermonaten im Garten des Innenhofs serviert. ■ Calle dei Riformati, Cannaregio 3210/A, Vaporetto-Station S. Alvise, Tel. 041/524 43 32, www.eurostarshotels.it

Hotel Abbazia Das in einem ehemaligen Kloster untergebrachte Hotel nahe am Hauptbahnhof versprüht noch eine gewisse meditative Atmosphäre. Es bietet sehr komfortable Zimmer und einen wunderschönen erholsamen Garten. ■ Calle Priuli dei Cavaletti, Cannaregio 68, Vaporetto-Station Ferrovia, Tel. 041/71 73 33, www.abbaziahotel.com

Hotel Ca' D'Oro
In strategisch günstiger Lage befindet sich das ruhige Hotel nicht weit vom Campo Santi Apostoli entfernt. Es verfügt über gemütliche Zimmer, einige bieten einen Blick auf einen Kanal, und eine schöne Dachterrasse. Freundliches Personal und leckeres Frühstück. ■ Corte Barbaro, Cannaregio 4604, Vaporetto-Station Ca' D'Oro, Tel. 041/241 12 12, www.venicehotelcadoro.com

21 **Hotel Principe** Das elegante Haus liegt nahe der Scalzi-Brücke in optimaler Lage an der Lista di Spagna und am Canal Grande. Von einigen der Zimmer mit typisch venezianischer Einrichtung und raffinierten Accessoires hat man einen fantastischen Blick auf den Kanal. Fürstlich ist nicht nur der Name, sondern auch der Service. Ein reichhaltiges Frühstücksbüfett, ein eigenes Restaurant mit romantischer Terrasse am Canal Grande und eine moderne Sushi-Bar runden das Angebot ab. ■ Lista di Spagna, Cannaregio 146, Tel. 041/220 40 00, Vaporetto-Station Ferrovia, www.gardenahotels.it

€€€

Hotel Amadeus Im Herzen des Stadtviertels und in der Nähe des Ghettos bietet das Vier-Sterne-Hotel elegante Zimmer mit jedem Komfort und ein interessantes Ambiente mit bunter Marmorverkleidung und Accessoires aus Murano-Glas. Das Frühstück nimmt man in einem Saal neben dem schönen, palmenbestandenen Garten ein, der an lauen Sommerabenden zu einem letzten Absacker einlädt. ■ Lista di Spagna, Cannaregio 227, Vaporetto-Station Ferrovia, Tel. 041/220 60 00, www.gardenahotels.it

Die Inseln der Lagune – eine märchenhafte Welt

Kultur- und Naturschätze sowie Strand- und Freizeitvergnügen auf den Laguneninseln, die Venedig wie Perlen umrahmen

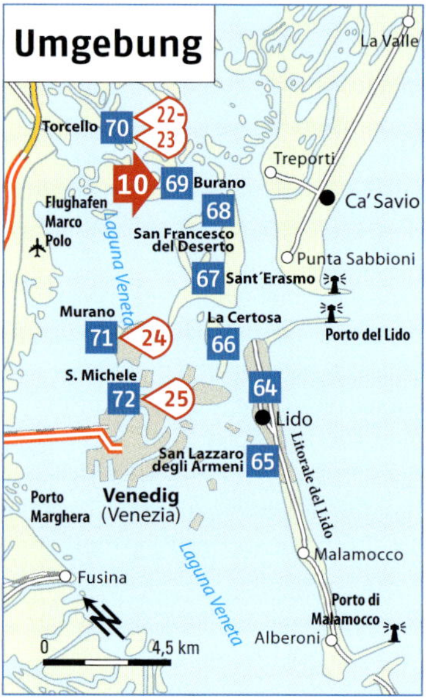

Bereits in der Antike bewohnt, weil die Festlandbewohner in der Lagune Schutz vor den kontinuierlichen Einfällen der Barbaren suchten, zeigen sich die Laguneninseln um Venedig heute in außerordentlicher Vielfalt. Sie bezaubern mit schönen Landschaften, viel Natur, üppigen Gärten und gepflegten Weinbergen, aber auch mit Traditionen und einer jahrhundertealten Geschichte. Sagen und Mythen erzählen vom alten Glanz auf Torcello, wo atemberaubende Mosaiken heute noch ihre Faszination ausüben. Bunte Häuser heißen den Besucher in Burano willkommen: Hier wird noch die alte und feine Tradition der handgearbeiteten Klöppelspitzen gepflegt. Murano ist wegen einer weiteren Handarbeit berühmt: Moderne Designobjekte und traditionelle Accessoires aus Murano-Glas werden hier hergestellt. Wer nach Oasen der Ruhe und Orten der Meditation sucht, fährt auf die Insel San Lazzaro degli Armeni, ein altes Zentrum der armenischen Kultur, zu den Gärten von San Francesco del Deserto oder nach San Michele, dem Friedhof der Stadt. Auf Sant' Erasmo macht man einen Spaziergang mit Blick auf Gemüsegärten. Wer das Segeln liebt, findet eine große Marina auf Certosa. Lido ist nicht nur der Strand Venedigs: Beim Radeln entdeckt man das Jugendstil-Viertel und erreicht die Strände, wie Murazzi oder bei Alberoni. Auf dieser grünen Insel kann man auch die geschichtsträchtigen Ortschaften Malamocco und San Nicolò erleben. Für Glamour und Adrenalin sorgen die Biennale Cinema und der Flughafen Nicelli, das allererste Terminal der italienischen Fluggeschichte.

In diesem Kapitel:

64 Lido 154

65 San Lazzaro degli Armeni 159

66 La Certosa 160

67 Sant' Erasmo 161

68 **San Francesco del Deserto** 161
69 **Burano** 161
70 **Torcello** 162
71 **Murano** 164
72 **San Michele** 166
Am Abend/Übernachten 167

ADAC Top Tipps:

10 **Burano**
| Stadtbild |
Bezaubernde kleine Insel in der weiten Lagune mit einem schiefen Kirchturm und farbenfroh getünchten Häusern, die eine wunderbare Kulisse für die erlesene Kunst der Klöppelspitzen bieten. 161

ADAC Empfehlungen:

22 **Torcello**
| Landschaft |
Stille im Handelszentrum der Antike mit kostbaren Schätzen zwischen Meer und Natur. 162

23 **Locanda Cipriani, Torcello**
| Restaurant |
Historische Gaststätte mitten im Grün für Ruhesuchende und Feinschmecker. 163

24 **Museo del Vetro, Murano**
| Museum |
Der Zauber der Glasbläserei wird hier zur Schau gestellt. 164

25 **San Michele**
| Friedhof |
Ort zum Innehalten mit Prominentengräbern und einem Weinberg. 166

64 Lido

Die Insel der berühmten Filmfestspiele

Während der Filmfestspiele steigen hier die Stars ab: im Gran Hotel Excelsior

Information

- Vaporetto-Stationen Santa Maria Elisabetta und Lido San Nicolò
- Fähre Lido San Nicolò
- Bus A/B/C/CA/CO/N/V und 11 Richtung Malamocco und Alberoni
- www.veneziaeilsuolido.it
- Parken: siehe S. 172

Eine schmale, 12 km lange Sandbank trennt und schützt gleichzeitig Venedig vor dem offenen Meer: die Insel Lido. Im 19. Jh. galt Lido als das erste Strandbad der Welt. Das Grand Hotel des Bains, in dem Thomas Mann residierte und in dem später seine Novelle »Tod in Venedig« verfilmt wurde, eröffnete 1900 am Lungomare Marconi. Acht Jahre später folgte ihm das mondänere Hotel Excelsior im maurischen Stil. Danach suchten alle die Sommerfrische auf der Insel, wo innerhalb weniger Jahre Hunderte von Villen in einem eigenwilligen Jugendstil wie Pilze aus dem Boden schossen. Die Laguneninsel war in Mode: Künstler und Schriftsteller kamen aus der ganzen Welt hierher. Während der Filmfestspiele erreichte der Glamour den Höhepunkt, und Paparazzi waren ständig auf der Jagd nach Promis. Obwohl die Biennale Cinema heute noch jährlich hier stattfindet, sind diese gol-

Plan S. 156

denen Zeiten vorbei. Lido punktet dafür mit einem vielfältigen Angebot für die ganze Familie: Alt und Jung freuen sich hier über Wassersportmöglichkeiten, Golf und Fahrradfahren. Der beste Weg, um den Lido zu entdecken, ist ohnehin eine Tour mit dem Rad. Neben gut organisierten Lidi kann man sich auch an freien Stränden sonnen, wie an den Murazzi oder in Alberoni.

Sehenswert

a Jugendstil-Villen

| Architektur |

Rund um die Hauptstraße Gran Viale Santa Maria Elisabetta erstreckt sich eine Reihe von Straßen, die von prächtigen Häusern mit teilweise extravaganter Architektur flankiert werden. Kurz nach dem Bau des Hotels Excelsior wurden über 300 Villen im »Jugendstil« errichtet, eigentlich einer Mischung verschiedener Stilrichtungen, wie dem gotischen oder dem romanischen Stil. Sie heißen Villa Fanny oder Villa Asta: Einige bestehen aus Backstein mit Details aus Eisen und Gusseisen, andere aus hellem Beton, der dem istrischen Kalkstein ähnelt, und besitzen zweibogige Fenster. Die Wände sind sogar von ornamentalen Fliesen verkleidet: Ein prächtiges Beispiel dafür ist das Hotel Hungaria, geschmückt von unzähligen Kacheln mit Motiven wie Trauben, Granatäpfeln und allegorischen Figuren.

b Malamocco

| Ortschaft |

Im südlichen Teil Lidos befindet sich das antike Methamancus, ein alter Seehafen, der 1107 wahrscheinlich wegen eines Tsunamis unterging. In der verträumten Ortschaft, die mit ihren kleinen Kanälen wie ein Venedig en miniature aussieht, scheint die Zeit still zu stehen. Sie besteht aus drei Plätzen,

ADAC *Mobil*

Auf dem Lido werden die Straßen, wie sonst in Italien üblich, »vie« genannt, und es gibt normalen Straßenverkehr. Parkplätze zwischen 8 und 13 sowie 15 und 20 Uhr sind gebührenpflichtig und kosten 0,80 € pro Std.

Piazza Maggiore, Campo della Chiesa und Piazza delle Erbe, und einer gepflegten Ansiedlung. Zwischen 742 und 811 wurde Malamocco Sitz der Dogen – und aus dem kleinen Zentrum stammten sogar acht Dogen. Auf den Platz der Kirche Santa Maria Assunta blickt der Palazzo del Podestà, ein roter Palast im gotischen Stil aus dem 15. Jh. mit einem schönen Markuslöwen und dem Wappen der Ortschaft. Hier sind auch zwei Brunnen zu sehen. In der Ortschaft befindet sich ein neuer kleiner Hafen, ringsum erstreckt sich die Fußgängerzone. Vom Zentrum erreicht man über die von Obst- und Gemüsegärten gesäumten Wege die Murazzi.

c Murazzi

| Strand |

Der mächtige Damm aus istrischem Kalkstein wurde zwischen 1744 und 1782 von der Republik Venedig erbaut, um die Insel und die Lagune vor der Meereserosion zu schützen. Die felsige Schutzlinie, an der sich auch selbst gebastelte »Skulpturen« aus unterschiedlichen Materialien finden, erstreckt sich 5 km lang zwischen Ca' Bianca und Alberoni. Im Sommer sonnen sich hier die Venezianer, während die Lido-Einwohner sie auch als Jogging- und Nordic Walking-Strecke benutzen. Der schmale Weg ist auch gut mit dem Fahrrad zu befahren, Leihräder gibt es im Stadtzentum Lidos. Die Murazzi sind durchschnittlich 12 m breit, der höchste Punkt liegt 5 m über dem Meer.

d Alberoni

| Strand |

An der südlichen Spitze der Insel befindet sich der Strand Dune Alberoni, mitten in einer 160 ha großen WWF-Naturoase, wo die Dünen unter Schutz stehen. Am Lido mit seinen typischen Strandkabinen genießt man ein 60er-Jahre-Flair. Ein Teil des Strandes ist frei.

■ WWF-Naturoase Dune Alberoni, www.dunealberoni.it

e Aeroporto Nicelli

| Architektur |

Am 18. August 1926 startete der erste italienische Linienflug nach Wien über Klagenfurt von dem 1909 eröffneten Flughafen. Er ist der einzige Flughafen des Ersten Weltkrieges, der noch in Betrieb ist. Dank seiner atemberaubenden Lage im Norden der Insel wird er weltweit als der schönste Flughafen der allgemeinen Luftfahrt bezeichnet. Als Militärflugplatz unter dem Namen San Nicolò entstanden, wurde er nach dem Ersten Weltkrieg nach dem Jagdflieger Giovanni Nicellium benannt. Er beeindruckt mit einer einmaligen Ar-

Wer genau hinschaut, kann von Alberoni aus das Sperrwerk MOSE erkennen

chitektur aus den 1930er-Jahren und einer Piste aus Gras. Das Areal verfügt auch über einen Heliport.

■ Via Morandi 9, Tel. 041/77 03 00, www.aeroportonicelli.it, tgl. 7–17, Mitte Okt.–Ende März 8–16 Uhr; schöne Restaurantterrasse mit Blick auf die Piste

f San Nicolò
| Kirche |

1044 wurde die Kirche auf Wunsch des Dogen Contarini errichtet, aber von den Benediktinern komplett umgebaut. Vor dieser Kirche, die mit Mosaikboden und korinthischen Säulen und Kapitellen verziert ist und Reliquien des heiligen Nikolaus von Myra besitzt, findet die traditionelle Vermählung des Dogen mit dem Meer, die Festa della Sensa, statt. Sie erinnert u.a. an den endgültigen Sieg der Venezianer über die dalmatinischen Piraten am 9. Mai 1000 unter Pietro II. Orseolo, womit die Vormachtstellung Venedigs in der oberen Adria besiegelt war.

■ Besuch kurz vor dem Gottesdienst: Sa 18, So 11, 15 Uhr

g Antico Cimitero Ebraico
| Friedhof |

1386 bekamen die Juden ein Grundstück im Ortsteil San Nicolò, wo sie ihren Friedhof bauten, der 1938 aufgrund der italienischen Rassengesetze aufgegeben wurde.

■ Riviera San Nicolò; mit Führung, Tel. 041/71 53 59, www.museoebraico.it

Restaurants

€ | Lio Beach Das Restaurant am ruhigen Lido in der Nähe des Hotels Excelsior bietet neben großen Salaten und Caprese auch »grigliate miste« und gute Aperitifs. ■ Lungomare Marconi 58, Tel. 041/526 18 72, Plan S. 156 b1

€€ | Albergo Quattro Fontane Gute lokale Küche im großen geschmückten Speisesaal mit Kamin aus dem 16. Jh. oder im wunderschönen Garten. ■ Via delle Quattro Fontane 16, Tel. 041/ 526 02 27, www.quattrofontane.com, Plan S. 156 b1

€€ | Ristorante Gran Viale Es wird auch »Ristorante degli artisti« genannt, weil es gerne von vielen Künstlern besucht wurde. Im Herzen Lidos bietet das Restaurant eine gute Fischküche aus lokalen Produkten und einen freundlichen Service. ■ Gran Viale 10, Tel. 041/ 526 03 22, www.ristorantegranviale.it, Mi geschl., Plan S. 156 b1

Kinder

Der Strand Lido ist auch 2017 mit der Bandiera Blu (Blaue Flagge) ausgezeichnet worden und darüber hinaus seit einigen Jahren mit der Bandiera verde (grüne Flagge für kinderfreundliche Strände). San Nicoletto und Murazzi sind freie Strände. Der Autoverkehr auf der Insel hält sich in Grenzen, sodass auch das Fahrradfahren für Kinder möglich ist.

ADAC *Wussten Sie schon?*

An der Schirmmütze erkennt man den Kapitän **Corto Maltese**, die Comicfigur des italienischen Comiczeichners Hugo Pratt. In Venedig, wo er 1945 ein Kunststudium absolvierte, begann seine erfolgreiche Karriere als Comiczeichner. 1967 zeichnete er das erste Mal Corto Maltese. Pratt hatte eine Wohnung in Malamocco und kehrte gerne in der Trattoria Da Scarso ein.
www.cortomaltese.com

Circolo Canottieri Diadora ASD Im Sommer Ruder- und Kanukurse für Kinder ab acht Jahren, dazu Kurse mit der Rudertechnik im Stehen. ■ Via Sandro Gallo 136/B, Tel. 328/263 64 55, www.ccdiadora.it, Plan S. 156 b2

Lido Bagni Alberoni Der private Lido bietet unberührten Sandstrand mit jedem Komfort und auch Livemusik. ■ Strada Nuova dei bagni 26, Tel. 041/ 73 10 29, www.bagnialberoni.com, Plan S. 156 a3

Events

Biennale Cinema Zwischen Ende August und Anfang September trifft sich jedes Jahr der internationale Jetset der Filmindustrie auf dem roten Teppich. Die ältesten Filmfestspiele der Welt wurden 1932 auf dem Lido ins Leben gerufen und finden im neuen weißen Palazzo del Cinema statt. Der beste Film wird von einer internationalen Jury mit dem Goldenen Löwen gekürt. ■ Lungomare Marconi, Tel. 041/521 87 11, www.biennale.org, Plan S. 156 b1

Festa della Sensa Das historische Fest (Sensa ist das venezianische Wort für »Ascensione«, d.h. Himmelfahrt) findet zu Christi Himmelfahrt bzw. am Sonntag danach, vor der Kirche San Nicolò auf dem Meer statt. Der Zug mit historischen Booten startet am Bacino di San Marco und hält vor der alten Kirche. Die Vermählung des Dogen mit dem Meer erfolgt heute symbolisch durch den Oberbürgermeister Venedigs, der einen vom Patriarchen Venedigs gesegneten Ring ins Meer wirft. Anschließend wird ein Gottesdienst zelebriert. An diesem Tag finden verschiedene Regatten mit kostümierten Ruderern statt. ■ www.veneziaunica.it, Plan S. 156 b1

Der rote Teppich für die Stars und Sternchen aus dem Filmgeschäft ist ausgerollt

Erlebnisse

Heliair.it Helikopterflüge über Venedig, die Laguneninseln und bis Chioggia starten vom Flughafen Nicelli. ■ Via Morandi 9, Tel. 334/786 06 53, www.heliair.it, Plan S. 156 b1

Sport

Circolo Golf Venezia Im Süden Lidos freuen sich Golfspieler auf einen abwechslungsreichen 18-Loch-Platz mit 72 Par, der zu den ersten und wegen seiner Lage zu den schönsten Golfplätzen Italiens zählt. ■ Alberoni, Strada Vecchia 1, Tel. 041/73 13 33, www.circologolfvenezia.it, Plan S. 156 a3

Lido on Bike Der Fahrradverleih im Zentrum der Stadt bietet den ganzen Tag bis 19 Uhr Fahrräder. ■ Gran Viale S. Maria Elisabetta 21b, Tel. 041/526 80 19, Plan S. 156 b1

65 San Lazzaro degli Armeni

Dreihundert Jahre armenischer Kultur direkt gegenüber vom Lido

■ Vaporetto-Station San Lazzaro
■ Tel. 041/526 01 04, Führung um 15.25 Uhr (Vaporetto ab San Zaccaria um 15.10, zurück um 17.25 Uhr), 6 €

Auf der kleinen, grünen Insel, die nahe der westlichen Küste Lidos liegt, befindet sich nur das armenische Kloster der Mechitaristen. Der Inselname stammt aus dem 12. Jh., als es hier ein Leprakrankenhaus gab. 1717 gründete der im Exil lebende armenische Mönch Petrus Mechitar einen Orden, der nach ihm benannt wurde. Die Mönche gestalteten die Insel um, indem sie ein Kloster mit Kreuzgang, eine Kirche, eine Bibliothek mit wertvollen Minia-

Einen Ort der inneren Einkehr und des Studiums: San Lazzaro degli Armeni

turen und Studienräume bauten und wunderschöne Obst- und Blumengärten anlegten. Ein Klostersaal ist dem Dichter Byron gewidmet, der oft hierher kam, um zu meditieren und zu studieren. Beeindruckend ist der ägyptische Sarkophag mit der Mumie des Prinzen Nehmeket. Die Mönche verkaufen eine selbst gemachte, duftende Marmelade aus Rosenblüten, die berühmte Vartanush.

66 La Certosa

Insel mit Parkanlage und Marina zwischen Castello und Lido

■ Vaporetto-Station Certosa

Von der Insel Certosa aus genießt man einmalige Ausblicke auf die Lagune und Venedig, das so nah und doch so entfernt erscheint: Weniger als 300 m trennen die 22 ha große Insel vom Stadtteil Castello. Ein schwimmender Steg verbindet die Haltestelle des Vaporetto mit dem Inselzentrum. Neben der Marina und einer Werft erstreckt sich ein großer Park.

Im Jahre 1807 mussten die Mönche der hier 1199 gegründeten Augustinergemeinschaft auf Napoleons Befehl hin die Insel verlassen: Die ehemalige Kirche wurde zum Depot umfunktioniert und das bestehende Munitionslager gebaut. Vom alten Kloster ist heute fast nichts mehr übrig geblieben. Von Lido liegt die Certosa etwa 500 m entfernt. Ende des letzten Jahrhunderts startete man den Versuch, Certosa wieder zu besiedeln. Heute befindet sich hier ein für das Publikum immer zugänglicher grüner Park, wo Kaninchen und Ziegen leben, aber auch Eschen, Silberpappeln, chinesischer Liguster und weitere exotische Pflanzen gedeihen.

67 Sant' Erasmo

Der reiche und fruchtbare Gemüsegarten Venedigs

■ Vaporetto-Stationen Capannone, Chiesa, Punta Vela und Forte Massimiliano

Die größte Laguneninsel nach Venedig ist rund 4 km lang und zwischen 500 m und 1 km breit. Im Nordteil der Lagune gelegen, dient sie seit Jahrhunderten als Gemüsegarten der Stadt. Zu den Spezialitäten gehören die zarten Artischocken »castraure«, die violette Sorte Sant' Erasmo, und die langen Auberginen, die auch auf dem Markt Rialto verkauft werden. Einst wurde hier Wein angebaut, sodass man die Felder »vigne« (Weinberge) nennt. Bei einem Spaziergang trifft man nur auf ein paar Häuser, eine Kirche, einen Supermarkt, ein Lokal und magische Stille.

Einkaufen

Orto di Venezia Der Winzer Michel Thoulouze hat die antike Weintradition der Insel wieder ins Leben gerufen und den Wein Orto hergestellt, den man in einigen Lokalen Venedigs verkosten oder online bestellen kann. ■ www.ortodivenezia.com

68 San Francesco del Deserto

Schöne Gärten, Frieden und klösterliche Stille in der Lagune

■ Von Burano aus mit einem Privatboot (Tel. 347/992 29 59)
■ Tel. 041/528 68 63, www.sanfrancesco deldeserto.it, 9–11 und 15–17 Uhr, Mo geschl.

In dieser Oase der Stille legt kein Vaporetto an. Hier gedeihen schöne Gärten und hohe Zypressen um das von der fabelhaften Lagunenlandschaft umgebene Kloster von 1230. In den Inselgärten soll sich der heilige Franziskus 1220 ausgeruht haben. Ein Mönch führt auf Wunsch durch die Gärten und das Kloster (Dauer etwa 1 Std., gegen Spende).

69 Burano

10 *Knallbunte Fischerhäuschen und feinste Handarbeitskunst*

■ Vaporetto-Station Burano
■ www.isoladiburano.it

Die Insel kündigt sich schon von Weitem durch den hohen schief stehenden Kirchturm an. Malerisch spiegeln sich die farbenfroh getünchten Häuser in den Kanälen, der Überlieferung nach konnten die Fischer so ihre Häuser bereits vom Meer aus erkennen. Und so sind sie mal mit kräftigen Farben, mal mit zarten Pastelltönen gestrichen, die der Insel eine ganz besondere Note verleihen. Das bunteste Haus ist die Casa di Bepi. Auf Burano hat man das Gefühl, die Zeit sei stehen

ADAC *Wussten Sie schon?*

Briccole heißen die im Meeresboden der Lagunenstadt verankerten Eichenpfähle, deren besonderes Erscheinungsbild durch Schiffsbohrwürmer erzeugt wird. Es sind etwa 50 000 Pfähle; sie zeigen den Booten Wasserstraßen und Gezeiten an und dienen als Halt. Ihre durchschnittliche Lebensdauer liegt zwischen zehn und 20 Jahren.

ADAC *Spartipp*

Das **Kombi-Ticket** für das Museo del Merletto auf Burano und das Museo del Vetro auf der Insel Murano kostet 12 €, ermäßigt 8 €. *www.visitmuve.it*

geblieben, man fühlt sich allerorten in längst vergangene Zeiten zurückversetzt. Viele Läden locken die Besucher mit der Inselspezialität, den Klöppelspitzen, an. Diese Tradition hatte in der Vergangenheit Konjunktur: Im 16. Jh. wurden hier die feinsten Spitzen Europas gefertigt. Noch heute werden die bezaubernden Spitzen verkauft, aber echte Handarbeit hat ihren Preis. Auf dem dem Komponisten Galuppi gewidmeten Hauptplatz informiert das Museo del Merletto über das traditionelle Handwerk.

Burano ist in fünf »sestieri« geteilt, einen sechsten Stadtteil bildet die kleine Insel Marzobbo, die durch den hölzernen Ponte Longo mit Burano verbunden ist und wo die Spezialität »castraure« angebaut wird. In der Kirche Santa Caterina wird die älteste Glocke der Lagune (1381) aufbewahrt.

Sehenswert

Museo del Merletto

| Museum |

In der alten Scuola dei Merletti von 1872 wurde das Museum der Klöppelspitzen untergebracht, die zwischen dem 16. und dem 20. Jh. hier gefertigt wurden: Über 200 wertvolle bezaubernde Teile sind ausgestellt.

■ Piazza Galuppi 187, Tel. 041/73 00 34, www.museomerletto.visitmuve.it, Di–So 10–18 Uhr, 5 €, erm. 3,50 €, oder mit Museum Pass

Restaurants

€€ | **Trattoria da Primo e Paolo** Vielfältige Fischküche in der gemütlichen, familiengeführten Trattoria im Herzen Buranos. ■ Piazza Galuppi 285, Tel. 041/ 73 55 50, www.trattoria-primoepaolo.it

Einkaufen

Dalla Lidia Merletti d'Arte Erlesene handgemachte Spitzen findet man in einem der ältesten Spitzenläden der Insel. ■ Via Galuppi 215, Tel. 041/73 00 52, www.dallalidia.com

Events

Regata di Burano Jährliche Regatta mit den traditionellen Booten »mascarete« für die Frauen und Gondeln für die Männer, immer mit zwei Rudern. ■ Am 3. So im Sept., www.isoladiburano.it

70 Torcello

22 *Magische Atmosphäre inmitten der Lagunenlandschaft*

■ Vaporetto-Station Torcello

■ www.itorcello.it

Steigt man aus dem Boot, taucht man sofort in eine andere Welt ein. Auf der schmalen langen Kanalstraße, die ins Herz der Insel Torcello führt, herrscht Stille. Der Weg führt vorbei an ein paar wenigen Lokalen, am Ponte del Diavolo, der zu schönen Gemüsegärten führt, und viel Natur. Am Hauptplatz thront ein wunderbares Ensemble der Antike: eine imposante Basilika, ein mächtiger Kirchturm und eine runde Kirche. Der Marmorsitz, den der Legende nach der Hunnenkönig Attila als

Hauptplatz der stillen Insel Torcello, auf der einst 20 000 Menschen lebten

Thron benutzt haben soll, steht einsam da. Die im 5. Jh. gegründete Stadt war ein bedeutendes Handelszentrum und Bischofssitz. In der Zeit zwischen dem 7. und dem 10. Jh. lebten auf Torcello bis zu 20 000 Menschen, mit dem Aufstieg Venedigs folgte aber der Niedergang der Insel, auf der heute nur noch ein paar Menschen wohnen.

Sehenswert

Piazza Torcello

| Platz |

In der Basilica Santa Maria Assunta, die 639 im venezianisch-byzantinischen Stil errichtet und 1008 neugebaut wurde, erwarten den Besucher kostbare Mosaikarbeiten byzantinischer Künstler, wie die »Maria mit Kind« in der Apsis oder das »Jüngste Gericht« an der Westwand. Auch die Kreuzkuppelkirche Santa Fosca wurde nach byzantinischem Vorbild gebaut: Der um 1100 errichtete Rundbau mit seinen Säulenvorhallen strahlt orientalische Eleganz aus. Die Gotteshäuser sind durch einen schönen Arkadengang miteinander verbunden. Ein unschlagbares 360-Grad-Panorama auf die Nordlagune bietet der Campanile di Torcello, der Kirchturm. Das Archäologische Museum zeigt interessante Funde der Antike, wie die bronzene Statue eines Flötenspielers aus dem 5. Jh. v. Chr.

■ Basilika, Kirchturm und Museum: März–Okt. 10.30–17.30, Nov.–Feb. 10–16.30 Uhr, Basilika 5 €, erm. 4 €, Campanile 5 €, Museum 3 €, erm. 1,50 €, alle zusammen 12 €, erm. 10 €

Restaurants

23 **€€€ | Locanda Cipriani** Eine erlesene Küche erwartet Gäste in dem romantischen Traditionsrestau-

ADAC *Wussten Sie schon?*

Giuseppe Arrigo Cipriani, Gastronom und Gründer von Harry's Bar, nannte 1948 seinen Drink »Bellini«, weil er sich beim Mixen von einem Gemälde des Malers Giovanni Bellini inspirieren ließ.

rant, das der Schriftsteller Ernest Hemingway auf seiner Entenjagd in der Lagune 1948 besuchte, seit 1935. Von einem wunderschönen Garten und herrlicher Ruhe umgeben, speist man im Sommer auf einer schönen Terrasse. Legendär sind die von der Familie Cipriani kreierten Gerichte, wie die Peterfischfilets alla Carlina. ■ Piazza Santa Fosca 29, Tel. 041/73 01 50, www.locandacipriani.com

71 Murano

Berühmtes Zentrum der Glasproduktion und Venedig en miniature

■ Vaporetto-Station Museo Murano

Nur wenige Minuten dauert die Fahrt durch die Lagune, um die Insel zu erreichen, die aufgrund der Glasbläserkunst weltberühmt ist. Doch lassen sich die Einheimischen von der Hektik Venedigs nicht anstecken, lediglich in den Glasfabriken geht es zügiger zu. Alle Brennöfen wurden ab 1291 aus Sicherheitsgründen von Venedig nach Murano umgesiedelt, da es in der Stadt wiederholt zu starken Feuersbrünsten gekommen war. Damit begann die Erfolgsgeschichte Muranos. Das edle Glas wurde in alle Teile Europas exportiert, die Glasbläser unter Androhung der Todesstrafe zur Verschwiegenheit und zum ständigen Aufenthalt auf der Insel verpflichtet, wollte man die Techniken der Glasherstellung doch unter allen Umständen geheimhalten. Bis heute wird hier Glas produziert, zahlreiche Geschäfte bieten entsprechende Waren an. Eine kurze Rast vom Shopping kann man in einem der Lokale am Canal Grande von Murano einlegen, der die Ortschaft zweiteilt. Am Rio dei Vetrai, der stets belebten Straße der Glasbläser, reihen sich die ältesten Glaswerkstätten aneinander: In deren »Museen« kann man die Arbeitsgänge der Murano-Glasherstellung verfolgen.

Sehenswert

Museo del Vetro

| Museum |

24 *Entzückendes Museum der venezianischen Glaskunst*

Ein faszinierender chronologischer Parcours erklärt durch viele Meisterwerke die Glasbläserkunst von der Antike bis zur Moderne. Neben exquisiten alten Objekten bestaunt man im Rundgang auch moderne Designobjekte, wie einfarbige oder bunte Vasen, Schalen und Gläser. Glanzstück der Sammlung ist die mit Email und Gold

ADAC *Mittendrin*

Einem »maestro« in einer **Glasmanufaktur** zuzusehen, ist ein faszinierendes Erlebnis: mit welcher Geschicklichkeit er eine Figur oder eine Vase aus einem Klumpen Glasschmelze durch Drehen, Wenden und Blasen zaubert! Die meisten Glasmanufakturen bieten 15/20-minütige, kostenlose Führungen an: Danach kann man – natürlich – Glasprodukte kaufen.

Bis heute werden auf Murano feinste Glasprodukte hergestellt – zusehen erlaubt!

verzierte Schale von Angelo Barovier, der als erster transparentes Glas herstellte. Wer mehr rund um die Glaskunst einfahren möchte, findet hier auch die typischen Murrine und Glasperlen. Einen besonderen Reiz üben zudem im Garten des Palazzo Giustinian, des ehemaligen Bischofssitzes aus dem 17. Jh., die dort ausgestellten Kunstobjekte aus.

■ Fondamenta Giustinian 8, Tel. 041/73 95 86, www.museovetro.visitmuve.it, tgl. 10–18 Uhr, Nov.–März bis 17 Uhr, 10 €, erm. 7,50 €, oder mit Museum Pass

Basilica Santi Maria e Donato

| Kirche |

Die zweistöckige Arkadenwand des Chores der romanischen Basilika spiegelt sich im Wasser des Kanals San Donato. Draußen ist die Kirche durch das gotische Dach und die typisch venezianisch-byzantinischen Säulen in der Apsis aus Backstein gekennzeichnet. Ihr Glanzstück ist das Apsismosaik, das die Madonna vor goldenem Hintergrund zeigt. Am Boden bestechen prachtvolle Mosaiken von 1140 mit Adlern, Pfauen, fantastischen Tieren und Pflanzenmotiven.

Seit 2016 schmückt das Gotteshaus ein moderner Kreuzweg aus Murano-Glas des Künstlers Marco Toso Borella.

■ Campo San Donato 11, www.sandonatomurano.it, Mo–Sa 9–18, So, Fei ab 12.30 Uhr

Restaurants

€€ | **Acquastanca** Köstliche Fischküche in der kleinen gemütlichen Osteria mit Garten. Chefköchin Caterina überzeugt mit wohlschmeckenden Gerichten, wie Tagliolini mit Sepia oder Kartoffelgnocchi mit Fisch. ■ Fondamenta Manin 48, Tel. 041/319 51 25, www.acquastanca.it, So geschl.

Im ersten Morgenlicht: die Kirche San Michele in Isola auf der Friedhofsinsel

Einkaufen

New Murano Gallery Entzückende Kunstobjekte aus Murano-Glas für jeden Geschmack. ■ Calle Alvise Vivarini 6/A, Tel. 041/527 46 33, www.newmurano gallery.com

72 San Michele

25 *Eine Insel mit Weinanbau als letzte Ruhestätte*

■ Vaporetto-Station Cimitero
■ Friedhof: Winter 7.30–16.30, Sommer bis 18 Uhr
■ Weinprojekt »Laguna nelbicchiere«, www.lagunanelbicchiere.it

Schwarze Zypressen ragen hinter den schützenden Mauern aus Backstein gen Himmel, von den Fondamenta Nuove hat man den besten Blick auf die vis-à-vis gelegene Insel. Dort, auf dem weitläufigen Parkgelände, hört man nur den Wind zwischen den Bäumen rascheln. Erst 1837 wurde die Insel zum Stadtfriedhof, indem sie mit der Nachbarinsel San Cristoforo verbunden wurde. Nach katholischen, evangelischen und orthodoxen Zonen unterteilt, wurden auf der Ruhestätte auch berühmte Künstler begraben, wie Ezra Pound, Igor Strawinsky, Joseph Brodsky und Emilio Vedova, einen Lageplan erhält man am Eingang. Mit der Kirche San Michele in Isola von Mauro Codussi begann um 1469 die Zeit der Kirchenfassaden aus weißem istrischen Kalkstein im Renaissancestil. Der Weinberg neben dem Franziskanerkloster mit einer alten Weinkellerei wurde vor einiger Zeit wiederbelebt: Heute wird dort der Wein »In vino Veritas, San Michele in purezza« produziert.

Am Abend

Murano und Burano, wie auch die anderen kleinen Inseln der Lagune, werden hauptsächlich von Tagesausflüglern besucht: Am Nachmittag oder spätestens nach dem Abendessen verlassen die meisten Touristen die Lagune. Im Sommer kann man auf dem Lido das Nachtleben, wie in den meisten Badeorten Italiens üblich, in Strandlokalen und bei Veranstaltungen und Volksfesten genießen – glamouröse Events verspricht jedes Jahr im Spätsommer die Biennale Cinema.

Kneipen, Bars und Clubs

Aurora Beach Club Beliebtes Strandlokal am Lungomare mit Livemusik und Cocktails. ■ Lido, Lungomare Gabriele d'Annunzio, nächste Vaporetto-Station (weit weg) ist S. Maria Elisabetta

El Pecador Außergewöhnliche Bar und Street Food in einem Londoner Doppeldeckerbus an der Strandpromenade. ■ Lungomare Gabriele d'Annunzio, Vaporetto-Station S. Maria Elisabetta, Tel. 347/816 93 90, in der Saison tgl. 10–2 Uhr

Übernachten

Auf den kleinen Laguneninseln übernachten ganz wenige Touristen, die meisten kommen nur tagsüber, und abends kehren sie wieder in die Quartiere in Venedig zurück. Für diejenigen, welche die Ruhe der Lagune schätzen, bieten kleine Hotels oder sogar Restaurants einige Zimmer zum Übernachten, genau wie die »alberghi diffusi«: Es handelt sich um Hotels, deren Zimmer und Rezeption auf verschiedene Gebäude in der jeweiligen Ortschaft verstreut sind. Als Sommerbadeort verfügt dagegen Lido neben historischen Luxushotels wie dem Excelsior über viele komfortable Hotels und bezaubernde Charme-Hotels.

Lido 154

€

Villa Stella Das 1940 eröffnete Hotel bietet komfortable Zimmer. Im Sommer genießt man hausgemachte Marmeladen und Kuchen zum Frühstück im Garten. ■ Via S. Gallo 111, Vaporetto-Station S. Maria Elisabetta, Tel. 041/526 07 45, www.villastella.com

€€

Albergo Quattro Fontane Wie ein schweizerisches Chalet präsentiert sich das historische Hotel in der Nähe des Palazzo del Cinema. Es liegt dort, wo sich im 16. Jh. das erste Casino Venedigs befand. Umgeben von einem wunderschönen Garten bietet das Hotel 60 sehr gemütliche Zimmer mit elegantem altem Mobiliar und ein gutes Restaurant. ■ Via Quattro Fontane 16, Vaporetto-Station S. Maria Elisabetta, Tel. 041/526 02 27, www.quattro fontane.com

Grande Albergo Ausonia & Hungaria Mit seinen Wänden aus dekorierten Majolika-Kacheln imponiert das historische Hotel an der Hauptstraße Lidos. Das Hotel verfügt neben 80 eleganten Zimmern auf mehreren Stockwerken auch über einen modernen Wellnessbereich und ein Spa, die verschiedenste Behandlungen und Thai-Massagen anbieten. ■ Gran Viale S.M. Elisabetta 28, Vaporetto-Station S. Maria Elisabetta, Tel. 041/242 00 60, https://.hungaria.it

Hotel Villa Mabapa Elegante Villa im Jugendstil aus den 1930er-Jahren mit Blick auf die Lagune und das Becken von San Marco, mit exquisitem eigenem Restaurant und schönem Garten. ■ Riviera San Nicolò 16, Vaporetto-Station Lido S. Nicolo, Tel. 041/526 05 90, www.villamabapa.com

Relais Alberti Das Charme-Hotel Relais Alberti in Malamocco besteht aus zwei Palazzi aus dem 13. und 14. Jh.: Ca' Alberti und Ca' del Borgo. Beide verfügen über großzügige, sehr ruhige und elegante Zimmer. Zum Frühstück wird man mit hausgemachten Kuchen, Brot und Konfitüren und frischem saisonalem Obst und Gemüse aus dem eigenen Garten verwöhnt. ■ Malamocco, Campo della Chiesa 3, Vaporetto-Station S. Maria Elisabetta, Tel. 041/526 11 43, www.relaisalberti.com

Burano 161

€€

Casa Burano Modern eingerichtete Zimmer mit jedem Komfort und Designobjekten in vielen verschiedenen bunten, erst 2016 komplett renovierten Zimmern im Herzen der Insel – ein nettes »albergo diffuso«. ■ Tel. 041/527 22 81, www.casaburano.it

Venissa Die mit modernen Möbeln ausgestatteten Zimmer befinden sich in einem »Wineresort« umgeben von Weinbergen auf der kleinen Insel Mazzorbo, die man von Burano zu Fuß erreichen kann. ■ Mazzorbo, Fondamenta Santa Caterina 3, Tel. 041/527 22 81, www.venissa.it

Torcello 162

€€

Locanda Cipriani Fünf elegante Zimmer bietet das traditionsreiche Restaurant für die Gäste, die sich in der Lagune entspannen möchten. In der warmen Jahreszeit frühstückt man unter einer herrlichen Rosenpergola. ■ Piazza Santa Fosca 29, Tel. 041/73 01 50, www.locanda cipriani.com

Murano 164

€€

Casa sulla Laguna Fünf gemütliche Zimmer in einem frei stehenden Haus mit herrlichem Panoramablick auf die Lagune. ■ Riva dei Zateri 86/a, Vaporetto-Station Murano Navagero, Tel. 340/705 30 25, www.casa-sulla laguna.venezia.it

Villa Lina Das B&B in der eleganten Villa mit drei geschmackvoll eingerichteten Gästezimmern und sonniger Terrasse ist von einem ruhigen Garten umgeben. ■ Calle dietro gli orti 12, Vaporetto-Station Murano Da Mula, Tel. 041/73 90 36, www.villalina venezia.com

ADAC *Service Venedig*

Beim **ADAC Infoservice**, in den **ADAC Geschäftsstellen** sowie auf dem **Internetportal des ADAC** (adac.de) erhalten Sie Informationen zu den Dienstleistungen des Automobilclubs und zu Ihrem Reiseziel. Als **ADAC Mitglied** können Sie zudem das kostenlose **ADAC TourSet® Venedig** mit vielen Reiseinfos und Karten anfordern oder die **TourSet App** auf dem **Smartphone** oder **Tablet-PC** installieren (adac.de/toursetapp).
Rufen Sie bei Notfällen und Pannen den **ADAC Notruf** bzw. den **ADAC Auslandsnotruf** an. Unser Team steht Ihnen rund um die Uhr zur Verfügung.

ADAC Infoservice

Tel. 0 800/510 11 12
Infos zu allen ADAC Leistungen
(Mo–Sa 8–20 Uhr, gebührenfrei)

ADAC Notruf Deutschland

Tel. 0 180/222 22 22
(24 Std., ca. 6 ct/Anruf, max. 42 ct/Min. aus deutschem Mobilfunknetz)

ADAC Notruf Mobil-Kurzwahl

Tel. 22 22 22
(Gebühren variieren je nach Netzbetreiber)

ADAC Auslandsnotruf

Tel. +49/89/22 22 22
(Gebühren variieren je nach Netzbetreiber und Land)

Internet-Serviceangebote des ADAC für Ihre Reiseplanung

Service	Webadresse
Aktuelle Verkehrslage	adac.de/verkehr
ADAC Routenplaner	adac.de/maps
Infos zu Tankstellen und Spritpreisen	adac.de/tanken
Infos zu mautpflichtigen Strecken	adac.de/maut
Infos zu Fährverbindungen	adac.de/faehren
ADAC TourMail (Aktuelle Infos vor Anreise)	adac.de/tourmail
Informationen für Camper	adac.de/camping
Informationen für Motorradfahrer	adac.de/motorrad
Informationen für Segler und Skipper	adac.de/sportschifffahrt
ADAC Reiseangebote	adacreisen.de
ADAC Autovermietung	adac.de/autovermietung
ADAC Versicherungen für den Urlaub	adac.de/versicherungen
Weltweite Preisvorteile für ADAC Mitglieder	adac.de/vorteile-international

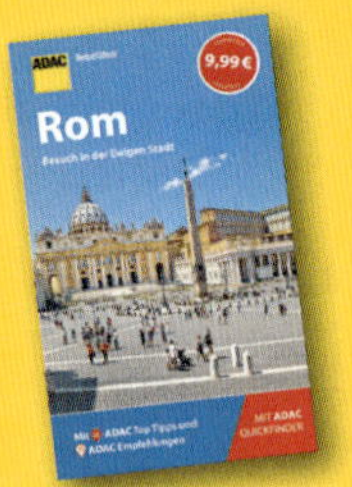

Diese **Produkte des ADAC** könnten Sie interessieren: **ADAC Reiseführer Rom, ADAC Reiseführer Gardasee** und **ADAC Reiseführer Paris** – erhältlich im Buchhandel, bei den ADAC Geschäftsstellen und in unserem ADAC Online-Shop (adac.de/shop).

Anreise und Einreise

Auto

Die **Hauptroute** von Deutschland aus nach Venedig passiert Österreich über den Brennerpass auf der Brennerautobahn A22 und führt dann über Verona nach Venedig. Italien erreicht man auch über Villach und Tarvisio (Grenze zwischen Österreich und Italien) auf der A23 oder über den Plöckenpass, dann geht es weiter über Udine nach Venedig. Aus der Schweiz gelangt man am besten über den St.-Gotthard-Tunnel oder den San-Bernardino-Pass und danach über Como-Chiasso nach Mailand und weiter auf der Autobahn A4 nach Venedig.

Wer mit dem eigenen Auto anreist, hat **Parkmöglichkeiten** in Venedig oder auf dem nahen Festland (S. 172).

Bahn

Die Fahrt mit der Bahn (www.bahn.de) nach Venedig erfordert ein bisschen Zeit. Von München über den Brenner fährt man bis Verona, wo man die Züge Frecciargento oder Frecciarossa von Trenitalia nehmen kann (Dauer 1,10–1,5 Std.). Von München gibt es auch Direktverbindungen bis zur Lagunenstadt. Reisende aus Norddeutschland können auf die von München startenden Direktverbindungen nach Venedig und mit Umsteigen auch auf das Zugangebot der **Trenitalia** (www.trenitalia.com) von Verona nach Venedig zurückgreifen. Der **Bahnhof Santa Lucia** liegt direkt am Canal Grande.

Bus

Viele **Fernbusse** wie etwa Flixbus (www.flixbus.de) oder Eurolines (www.eurolines.de) fahren aus Deutschland direkt nach Venedig. Die Fahrt von München beträgt durchschnittlich 8–9 Std. Wenn man auf dem Festland in Venetien übernachtet, kann man die Lagunenstadt mit Linienbussen erreichen, die auf dem Piazzale Roma halten (http://actv.avmspa.it/it/content/linee-urbane-0).

Flugzeug

Am internationalen Flughafen Venedigs, »**Marco Polo Tessera**«, landen alle internationalen Fluggesellschaften (www.veniceairport.it). Von hier hat man mehrere Möglichkeiten, in die Stadt zu gelangen. Die schönste und stilvollste davon ist zweifellos die Fahrt mit einem Boot, z.B. mit Alilaguna (einfach 15 €, 90 Min.). Haltepunkte sind neben Murano, Fondamenta Nuove und Arsenale der Markusplatz, Lido, Zattere und Giudecca. Infos: www.alilaguna.it. Mit dem Shuttle-Bus gelangt man in ungefähr 20 Minuten nach Venedig, genauer gesagt bis zum Piazzale Roma (8 €, einfach, www.veneziaunica.it).

Als weiterer Flughafen Venedigs gilt der **Flughafen von Treviso** »A. Canova« (www.trevisoairport.it), der knapp 40 km von der Lagunenstadt entfernt liegt und in erster Linie von Billigfliegern angesteuert wird. ATVO-Busse verkehren von hier bis zum Piazzale Roma (Fahrzeit ca. 70 Min., 12 €).

Einreise und Dokumente

Für Deutsche, Österreicher und Schweizer sind ein gültiger **Personalausweis** oder **Reisepass** erforderlich. Kinder benötigen einen eigenen Pass oder Ausweis. Die Vorlage einer Europäischen Krankenversicherungskarte (EHIC) ist nicht mehr nötig, die **Versicherungskarte der Krankenkasse** genügt. Zusätzlich empfehlenswert sind eine Auslandskranken- und eine Reiserückholversicherung.

Auto und Straßenverkehr

Verkehrsvorschriften

Auch tagsüber muss das **Abblendlicht** auf Autobahnen und auf allen Straßen außerhalb geschlossener Ortschaften eingeschaltet sein. Es bestehen **Gurtpflicht** und eine **0,5-Promille-Grenze**. Zu beachten sind die **Geschwindigkeitsvorschriften**.

Tempolimits in Italien

(Pkw, Motorrad, Wohnmobil bis 3,5 t)

Straße	Tempolimit
Autobahn	130 km/h (bei Regen 110 km/h)
Schnellstraße	110 km/h
Landstraße	90 km/h
Ortschaft	50 km/h

Führerschein und Papiere

Den Führerschein muss man dabeihaben, die Grüne Versicherungskarte ist nicht mehr erforderlich.

Maut

Italienische Autobahnen sind **mautpflichtig**. Mit der italienischen Guthabenkarte **VIACARD** (Prepaid-Karte) spart man Wartezeit an den Mautstellen. Erhältlich ist sie bei den meisten Automobilclubs, an Mautstellen und Raststätten, sie hat kein Ablaufdatum und ist übertragbar.

Tanken

Die Autobahntankstellen sind rund um die Uhr in Betrieb. Andere **Tankstellen** sind Mo–Fr 7–12.30 und 15–19 Uhr, So, Fei mit Schichtdienst geöffnet; auf den Hauptstraßen gibt es auch SB-Tanksäulen, die mit Bargeld, EC- und Kreditkarten funktionieren.

Parken

Parkmöglichkeiten gibt es in Venedig in den ganzjährig rund um die Uhr geöffneten, gebührenpflichtigen Parkhäusern auf dem Piazzale Roma (www.veniceparking.it) oder am Tronchetto, den man am Ende der Auto- und Bahnbrücke Ponte della Libertà erreicht. Von Tronchetto kann man den Piazzale Roma mit der seilgezogenen Kabinenbahn People Mover erreichen (einfach 1,50 €) oder mit dem Vaporetto direkt ins Stadtzentrum fahren (Linie 2 und N: nachts), http://muoversi.venezia.it

Venezia Tronchetto Parking

■ Tel. 041/520 75 55.; 21 €/24 Std.

Piazzale Roma

■ **Rimessa Comunale**, Piazzale Roma, Tel. 041/272 73 01, http://avm.avmspa.it/it/content/autorimessa-comunale-0, 26 €/24 Std.

■ **Parcheggio Sant' Andrea**, Tel. 041/272 73 04, 7 €/2 Std.

■ **Autopark Doge**, Tel. 041/520 24 89, 35 €/24 Std.

■ **Garage San Marco**, Tel. 041/523 22 13, 32 €/24 Std.

Auf dem Festland

Deutlich günstiger parkt man auf dem Festland, z. B. in Mestre. Nach Venedig gelangt man dann mit Bahn oder Bus.

Garage Europa Mestre

■ Corso del Popolo 55, Mestre (im Zentrum), Tel. 041/95 92 02, http://www.garageeuropamestre.com, ganzjährig geöffnet, tgl. 8–22 Uhr, 15 €/24 Std.

Parcheggio Gregory
■ Viale Stazione 23, ganz in der Nähe des Bahnhofs in Mestre, Tel. 041/92 64 78, www.parcheggiogregory.com, 15 €/24 Std., Sa, So, Fei 16 €

Marco Polo Park
■ Am Flughafen Venedig, www.parcheggiomarcopolo.com, Tel. 041/260 30 60, 25 €/24 Std., kostenloser Shuttle zum Flughafen, von dort mit dem Bus oder Boot nach Venedig

Unfall

In Italien muss man reflektierende **Warnwesten** mitführen, die zu tragen sind, wenn man das Fahrzeug auf Autobahnen, Landstraßen bzw. außerhalb geschlossener Ortschaften verlässt.

Barrierefreies Reisen

Auch wenn das historische Zentrum Venedigs mit seinen mehr als 400 Brücken auf den ersten Blick nicht gerade als ideales Reiseziel etwa für Rollstuhlfahrer erscheint, können Besucher mit motorischen oder sensorischen Behinderungen die Stadt durchaus besichtigen. An vielen der wichtigen Brücken gibt es eine unschöne, doch praktische **Rampe**, auf die Rollstühle unkompliziert fahren können. Die **Vaporetto**-Haltestellen und der Vaporetto-Zugang sind barrierefrei.

Von der Webseite der Stadt Venedig (www.comune.venezia.it, Suchbegriff »Venezia Accessibile«) kann man einen **Stadtplan** mit den besten Wegen für Besucher im Rollstuhl als PDF herunterladen. Nützliche Infos findet man auch unter: www.easyvenicetourism.com. **Apps für Blinde** werden gerade getestet.

Diplomatische Vertretungen

Deutsches Honorarkonsulat
■ Santa Croce 251, Palazzo Condulmer, Tel. 041/523 76 75, www.rom.diplo.de

Österreichisches Honorarkonsulat
■ Santa Croce 251, Fondamenta Condulmer, Tel. 041/524 05 56, www.bmeia.gv.at

Schweizer Honorarkonsulat
■ Dorsoduro 810, Campo S. Agnese, Tel. 041/522 59 96, www.eda.admin.ch/roma

Einkaufen und Märkte

Mit der sinkenden Einwohnerzahl verschwinden auch immer mehr Lebensmittelgeschäfte, sehr zum Verdruss der Einwohner. Supermärkte geben sich von außen unscheinbar, ganz anders die bunten Märkte. Folgende Märkte werden in Venedig und auf den Laguneninseln abgehalten:

Obst- und Gemüsemarkt von Rialto
■ San Polo, Casaria – Campo de la Pescheria, Mo–Sa 8–16 Uhr

Fischmarkt von Rialto
■ San Polo, Campo de le Becarie – Loggia Grande und Loggia Piccola, Di–Sa 7–13 Uhr

Markt Rio Terà San Leonardo
■ Cannaregio, Rio Terà San Leonardo, Mo–Sa, Öffnungszeiten wie die Geschäfte

Markt an der Via Garibaldi
■ Castello, Via Garibaldi, tgl. 7–14 Uhr

Lebensmittelmarkt von Burano
■ Burano, Campo Pescheria, tgl. 7–20 Uhr

Markt von Giudecca
■ Giudecca, Sacca Fisola, Fr 7–14 Uhr

Markt von Lido
■ Lido, Area Mercatino delle Quattro Fontane, Di 7–14 Uhr

Festivals und Events

Februar/März

Carnevale (www.carnevale.venezia.it) – Der Karneval beginnt mit dem »Volo della Colombina« auf der Piazza San Marco und steht jedes Jahr unter einem anderen Motto.

April

San Marco (25. April) – Am Tag der Befreiung Italiens (Festa della Liberazione) wird auch der Stadtpatron Venedigs, der heilige Markus, gefeiert; alte und junge Männer schenken ihren Frauen und Verlobten eine Rosenknospe, den »bocolo«.

Karneval in Venedig

Mai/Juni

Biennale Arte (Mai–Nov., alle zwei Jahre in ungeraden Jahren) – Anlässlich der internationalen Kunstausstellung gibt es viele Ausstellungsorte in der Stadt, wo international angesehene und junge Künstler ihre Kunstwerke zeigen; in geraden Jahren findet die Mostra Internazionale di Architettura statt.

Festa della Sensa (zu Christi Himmelfahrt bzw. am Sonntag danach) – Symbolisch wird an die Vermählung des Dogen mit dem Meer erinnert und am Lido ein Ring ins Wasser geworfen.

Vogalonga (an einem So im Mai oder Juni) – Bei der Veranstaltung rudern und paddeln Tausende Teilnehmer aus der ganzen Welt auf einer 30 km langen Strecke durch Venedig.

Juli

Festa del Redentore (3. So im Juli) – Eine Pontonbrücke verbindet Giudecca mit den Zattere und mündet direkt in den Eingang der Kirche Il Redentore; um Mitternacht von Samstag auf Sonntag feiert man mit einem Riesenfeuerwerk.

August/September

Mostra Internazionale d' Arte Cinematografica (Ende Aug.–Anfang Sept.) – Im Palazzo del Cinema am Lido finden die Filmfestspiele Venedigs statt.

Regata Storica (1. So im Sept.) – Vor der Regatta der Gondolieri und anderer Ruderer in traditionellen Kostümen ziehen historische Boote auf dem Canal Grande vorbei.

November

Festa della Salute (21. Nov.) – Das religiöse Fest geht auf die Pestzeit (1630–31) zurück; Tausende Venezianer pilgern über eine provisorische Brücke auf dem Canal Grande zur Kirche Santa Maria della Salute.

Feiertage

Jan. Capodanno (Neujahr)
6. Jan. Epifania (Dreikönigstag)
Pasqua/Pasquetta (Ostersonntag/Ostermontag)
25. April Festa della Liberazione (Tag der Befreiung vom Faschismus)
1. Mai Festa del Lavoro (Tag der Arbeit)
2. Juni Festa della Repubblica (Fest der Republik)
15. Aug. Ferragosto (Mariä Himmelfahrt)
1. Nov. Ognissanti (Allerheiligen)
8. Dez. Immacolata Concezione (Mariä Empfängnis)
25. Dez. Natale (Erster Weihnachtstag)
26. Dez. Santo Stefano (Zweiter Weihnachtstag)

Dem Stadtpatron, dem heiligen Markus, wird in Venedig am 25. April, am Nationalfeiertag, gehuldigt. Am »Markus-Tag« bleiben Ämter und Geschäfte geschlossen.

Fundbüro

In einem Vaporetto oder einem anderen Actv-Verkehrsmittel verlorene Gegenstände werden sieben Tage lang in der **Garage Comunale AVM** am Piazzale Roma aufbewahrt; danach sind sie in der **Ca' Farsetti** zu finden.

■ Piazzale Roma, Tel. 041/272 21 79, 7.30–19.30 Uhr

■ Ca' Farsetti, San Marco 4136, Tel. 041/274 82 25/84 34, Mo–Fr 9–13 Uhr

Geld und Währung

Italien gehört zur Euro-Zone. **Banken** sind von Montag bis Freitag meistens von 8.30–13.30 und von 14.30–15.30 Uhr geöffnet. **Geldautomaten** (bancomat) findet man fast überall. **Kreditkarten** werden in nahezu allen Hotels, Restaurants und Läden akzeptiert.

Barzahlungen über 3000 € sind in Italien nicht erlaubt. Die Erstellung eines »scontrino fiscale«, **Kassenbon**, ist in Italien für den Verkäufer in Bars, Restaurants und Geschäften obligatorisch, aber nicht für Zeitungskioske oder Tabakläden. Ein Kunde ohne Beleg wird bei einer Kontrolle der Finanzpolizei allerdings nicht bestraft.

Kosten im Urlaub

(durchschnittliches Preisniveau)

1 Tasse »caffè« (Espresso)	ab 1 €
1 Tasse Cappuccino	ab 1,50 €
1 Glas Rotwein	2 €
1 Spritz	ab 2,50 €
1 Cola (in der Bar)	1–2 €
1 Kugel »gelato« (Eis)	1,20 €
1 Brot (ca. 500 g)	2 €
1 Fahrt mit dem Vaporetto	7,50 €

Gepäckaufbewahrung

Am Anreise- oder Abreisetag hat man oft viel Zeit, bevor man im Hotel eincheckt bzw. wieder abreist. Gut, dass man den Koffer in einer der Gepäckaufbewahrungsstellen abgeben und dann die Stadt (schon/noch) genießen kann. Ein Depot befindet sich am Hauptbahnhof **Venezia Santa Lucia**, 6–23 Uhr, 6 € die ersten 5 Std. pro Koffer. Auch auf dem **Piazzale Roma**, in der Nähe der Pullman Bar, kann man das Gepäck deponieren, 7 € pro Koffer und Tag (www.trasbagagli.it).

Venice Luggage Deposit, Calle della Malvasia, Castello 5496, 9.30–19.30/18.30 Uhr, ca. 6 € pro Koffer und Tag, www.veniceluggagedeposit.com.

Gesundheit

Apotheken

Die **Öffnungszeiten** der Apotheken (»farmacie«, erkennbar am grünen Kreuz) variieren. In der Regel sind sie von 8.30–13 und von 15.30–19.30 Uhr geöffnet, am Samstag nur bis Mittag. Selbstverständlich wird die Versorgung auch nachts, rund um die Uhr, durch den Nachtdienst (»farmacia di turno«) sichergestellt. Welche Apotheke Nachtdienst hat, ist am Schaufenster der Apotheken angeschlagen.

Krankenhäuser

Krankenhäuser (»ospedali«) erkennt man an einem weißen H auf blauem Grund. Venedigs Krankenhaus ist das **Ospedale SS. Giovanni e Paolo**, Castello 6777, Tel. 041/529 41 11, Vaporetto-Station Ospedale. Eine **Notaufnahme** gibt es an der Piazza San Marco 63/65, Procuratie Nuove. In der Notaufnahme (»pronto soccorso«) der öffentlichen Krankenhäuser ist eine ärztliche Versorgung immer gesichert.

Haustiere

Hunde und Katzen müssen einen gültigen Tollwut-Impfschutz haben. Als Nachweis und für die Identifizierung des Haustiers ist ein gültiger blauer **EU-Heimtierausweis** mitzuführen. Um diesen Ausweis zu erhalten, muss das Tier gechipt oder tätowiert sein. Zu empfehlen ist v.a. im Frühjahr und Sommer ein Zeckenschutz durch entsprechende Spot-On-Präparate. Hunde müssen grundsätzlich an der Leine (1,5 m lang) geführt werden. Auch auf Autofahrten sollte der Hund im Auto gesichert sein – andernfalls droht ein Bußgeld. In öffentlichen Verkehrsmitteln gibt es Maulkorbpflicht; bei einem Vorfall trägt der Tierhalter in der Regel die volle Verantwortung. Die Hinterlassenschaften des Hundes müssen beseitigt werden.

Information

Italienische Zentrale für Tourismus (ENIT)

Deutschland

■ Barckhausstr. 10, 60325 Frankfurt, Tel. 069/23 74 34, www.enit.de
Hauptdirektion für die deutschsprachigen Länder, Benelux, Mitteleuropa.

Österreich

■ Mariahilfer Str. 1b/Top XVI, 1060 Wien, Tel. 01/505 16 39, www.enit.at

Infostellen in Venedig

■ Flughafen Marco Polo (Area Arrivi)
■ San Marco 71/F (gegenüber Eingang Museo Correr)
■ Bahnhof Santa Lucia
■ Piazzale Roma (im Parkhaus Autorimessa Comunale)

Venedig im Internet

Allgemeine Infos

■ www.comune.venezia.it, www.veneziaunica.it, www.turismovenezia.it

Aktivitäten mit Kindern

■ www.veneziadeibambini.it

Boote und Vaporetti

■ www.actv.it, www.atvo.it, www.alilaguna.it

Burano, Mazzorbo und Torcello

■ www.venezianativa.eu

Lido

■ www.veneziaeilsuolido.it

Parken in Venedig

■ www.veniceparking.it

Venedigs Strände

■ www.veneziaspiagge.it

Klima und beste Reisezeit

Klimatabelle Venedig
(Jahresmittelwerte)

Monat	Luft (°C) (min./ max.)	Wasser (°C)	Sonne (Std./ Tag)	Regen-tage
Jan.	0/6	10	4	6
Feb.	1/8	9	5	6
März	4/13	11	6	7
April	7/17	12	7	8
Mai	13/23	18	8	8
Juni	16/25	22	9	7
Juli	19/28	25	10	6
Aug.	18/28	26	9	5
Sept.	14/24	23	8	7
Okt.	13/18	19	6	9
Nov.	4/12	16	3	11
Dez.	1/7	14	3	10

Venedig kennt eigentlich keine richtige Hochsaison mehr, denn das ganze Jahr über ist die Stadt Ziel Tausender Touristen. Auch der **Winter** kann faszinierend sein, zumal Venedig in dieser Zeit relativ leer ist. Die angenehmsten Reisezeiten sind allerdings der **Frühling** und der **Herbst**. Im **Sommer** wird es an den Kanälen oft drückend heiß, dann bieten sich die Strände am Lido an. Die Wassertemperatur der Adria ist bis Mitte September noch angenehm. Die berüchtigte **»acqua alta«** (Hochwasser) tritt statistisch gesehen in den Herbst-/Wintermonaten (überwiegend Nov./Dez.) auf, doch in den letzten Jahren musste auch in anderen Monaten Hochwasseralarm gegeben werden, wie z. B. im April 2017.

Kleidung

Da man in Venedig meist zu Fuß unterwegs ist, sollte man **bequeme Schuhe** tragen. Beim Hochwasser helfen knielange **Gummistiefel** (die man dann vor Ort kaufen kann), denn nicht überall werden Laufstege aufgebaut.

Leichte luftige Kleidung ist an warmen Sommertagen angebracht, doch aufgepasst: In den langen »calli« gibt es oft markante Temperaturunterschiede und an vielen Ecken zieht es kräftig. Im Winter ist es nicht selten kühl und neblig, daher empfiehlt sich **warme Kleidung** mit Schal, Hut oder Mütze und festes Winterschuhwerk.

Kultur und Tickets

Am ersten Sonntag im Monat gewähren viele staatliche Museen freien Eintritt. Gratis kommen Kinder und Jugendliche (EU-Bürger) bis zu einem Alter von 18 Jahren in staatliche Museen. Personen zwischen 18 und 25 Jahren bekommen in der Regel ein um die Hälfte ermäßigtes Ticket.

City-Pässe

Venezia Unica City Pass

Die »Venice Card« zum »Selbstbasteln«: Je nach Zeit und Interessenschwerpunkten kann man sich daheim schon seine Karte selbst zusammenstellen, die Module bestehen aus: Museen, Führungen, Actv- und Alilaguna-Zeitkarten, Ausflügen, Parkplätzen, Toilettennutzung, Einzeltickets, etwa für das Teatro La Fenice, u. v. a. m. Für Personen bis zu einem Alter von 29 Jahren gibt es dabei Vergünstigungen. Wer seine Karte online bestellt, bekommt einen Voucher. Der ausgedruckte Voucher dient bei Museen und Kirchen als Ticket oder kann in Venedig in ein Ticket eingelöst werden (Alilaguna, Actv).

■ www.veneziaunica.it

MUSEUM PASS
Günstigeren Eintritt in die städtischen Museen (u. a. auch in den Palazzo Ducale) erhält man mit dem Museum Pass (Fondazione Musei Civici di Venezia) zum Preis von 24,50 €, erm. 18,50 €. Die Kassen sind bis 30 Min. vor Schließung der Museen geöffnet.
■ www.visitmuve.it

Chorus-Pass
18 Kirchen gehören zur Vereinigung Chorus, die einen Chorus-Pass zu insgesamt 12 €, erm. 8 €, anbietet – für Familien (2 Erw. mit Kindern bis 18 Jahre) kostet der Pass 24 €. Man bekommt ihn in den entsprechenden Chorus-Kirchen. Das Einzelticket einer Chorus-Kirche kostet 3 €, erm. 1,50 €. Es werden auch verschiedenste Führungen angeboten.
■ www.chorusvenezia.org

Medien

Täglich kann man in den zentralen Zeitungskiosken der Stadt alle wichtigen deutschsprachigen Zeitungen und Zeitschriften kaufen, auf jeden Fall am Hauptbahnhof und am Flughafen.

Nachtleben

Von einem richtigen Nachtleben kann man in Venedig nicht sprechen, wer Diskotheken sucht, muss nach Mestre fahren. Selbst die berühmten Kaffeehäuser auf dem Markusplatz sind ab 22 Uhr kaum noch besucht, obwohl sie vor allem in der schönen Saison jede Nacht **Livemusik** bieten. Livemusik kann man auch in einzelnen Lokalen und Nachtclubs genießen. Größer und vielfältiger ist dagegen das Angebot der **Theater** La Fenice, Goldoni und Malibran. In vielen Palazzi und Kirchen finden zudem das ganze Jahr über **Konzerte** klassischer Musik statt. Die Veranstaltungen werden bereits am Tage in den Gassen der Stadt beworben. Die Qual der Wahl hat man zum Aperitif in den traditionellen **»bacari«**, wo man den Feierabend bis nach der Abendessenszeit verlängern kann.

Im Blickpunkt

Venezianische Spezialitäten

Die regen Handelsbeziehungen haben auch die kulinarischen Traditionen Venedigs beeinflusst, doch die besondere Lage in der Lagune hat eine eigene Küche hervorgebracht, in der Fisch und Meeresfrüchte dominieren: ob »granseola« (Meeresspinne), »risotto di pesce« (Fischrisotto), »seppie alla veneziana« (Tintenfisch mit Polenta) oder »sarde in saor« (Sardinen in Öl und Essig). Auch Muscheln, gekochte Moschuskraken oder rohe Garnelen gehören zum Speiseplan, ebenso »pasta al nero di seppia« (schwarze Nudeln) und »riso al nero di seppia« (schwarzer Reis). Eines der typischen Fleischgerichte ist »fegato alla veneziana« (Geschnetzeltes aus Kalbsleber mit Zwiebeln und Petersilie). In den »bacari« (S. 145) werden »cicheti« und »tramezzini« gereicht. Letzteres sind Scheiben aus einem besonderen Weißbrot mit diversen Belägen.

Notfall

Euronotruf (Polizei, Carabinieri, Feuerwehr) Tel. 112
Medizinischer Notdienst (Pronto Soccorso) Tel. 118
Pannenhilfe (ACI) Tel. 80 31 16

Öffnungszeiten

Geschäfte öffnen meist morgens zwischen 8 und 10 Uhr, ab 12.30/13 Uhr wird eine Mittagspause eingelegt. Zwischen 15.30 und 16 Uhr öffnen sie wieder und schließen abends zwischen 19 und 20 Uhr. Doch da man es mit den Öffnungszeiten in Italien nicht so genau nimmt, kann es durchaus passieren, dass man bei Geschäften, Kirchen etc. mal vor verschlossenen Türen steht. Einkaufszentren und große Supermärkte haben abends länger geöffnet, bisweilen bis 22 Uhr. **Museen** sind meist zwischen 10 Uhr und 18 Uhr geöffnet und Mo geschl., das gilt aber nicht in allen Fällen. Die **Kirchen** haben in Venedig keine einheitlichen Öffnungszeiten. Während des Gottesdiensts findet keine Besichtigung statt.

Preise

Venedig gilt als eine der teuersten Städte Italiens, was sich v. a. in hohen Hotel- und Restaurantpreisen ausdrückt. Wer Geld sparen möchte, sollte bestimmte Monate meiden (S. 182), Ferienwohnungen buchen und City-Pässe kaufen.

Post

Hauptpostamt, Calle De Le Acque, San Marco 5016, Tel. 041/240 41 49, Mo–Fr 8–13 Uhr, Sa geschl.

Briefmarken erhält man in Italien in Tabakläden und in den Postfilialen. Die **Briefkästen** sind rot und werden von montags bis freitags geleert. Die Briefmarke für eine Postkarte nach Deutschland, Österreich und die Schweiz kostet 1 €.

Rauchen und Alkohol

In öffentlichen Gebäuden, Restaurants, Bars und Geschäften herrscht **Rauchverbot**, an das sich die Italiener halten. Nur ganz wenige Lokale bieten ihren Gästen separate Raucherräume.
In Italien ist es verboten, **alkoholische Getränke** an Minderjährige zu verkaufen bzw. sie ihnen zu servieren.

Sicherheit

Venedig ist keine besonders gefährliche Stadt, dennoch sind, wie überall, einige Vorsichtsmaßnahmen, vor allem im Gedränge der »calli«, auf überfüllten Vaporetti und den mit Touristen bevölkerten Plätzen, wie auf dem Markusplatz oder auf dem Rialtomarkt, geboten. Um es potenziellen **Taschendieben** schwerzumachen, sollten Kameras und Taschen vor der Brust getragen werden. Außerdem: möglichst wenig Bargeld bei sich haben – und es auf gar keinen Fall zeigen. Viele Hotels verfügen über Safes.

Souvenirs

Muranoglas, **Masken** und **Mini-Gondeln** sind die beliebtesten Mitbringsel aus der Lagunenstadt. Zu den typischen Souvenirs gehören auch die traditionellen **Spitzen** von Burano, **marmoriertes Papier** und **Parfüms**. Doch Vorsicht: Zu billige Mitbringsel

können nicht in Handarbeit gefertigt worden sein. Typisch venezianisch ist auch das Kleingebäck **»baicoli«** und **»bussolà«**, das man in vielen Konditoreien und Lebensmittelläden findet.
Wer mehr als nur ein kleines Mitbringsel sucht, kann in Venedig edlen **Schmuck** sowie **Antiquarisches, Karnevalskostüme** und schicke **Mode** finden. Rund um die Piazza San Marco, in der Calle Vallaresso und in der Calle XXII Marzo befinden sich die exklusivsten und teuersten Modeboutiquen und Schmuckläden. Auch in den Frezzerie gibt es edle Geschäfte, und obwohl die Mercerie in der letzten Zeit viel von ihrem Glanz verloren haben, bleiben sie immer noch eine der wichtigsten Shoppingmeilen der Stadt, wo man handgemachte hochqualitative **Lederwaren** kaufen kann.

Sport

Die Insel Lido, die 2017 wieder die Bandiera Blu (www.bandierablu.org) für beste Wasserqualität und die Bandiera Verde (für kindergerechte und kinderfreundliche Strände) bekommen hat, bietet Urlaubern nicht nur **Wassersportarten**. Auf der Insel finden Golfliebhaber eine abwechslungsreiche **18-Loch-Golfanlage** mit 72 Par (www.circologolfvenezia.it). Auch Tennisbegeisterte kommen beim **Tennis Club Venezia** auf ihre Kosten (www.tennisclubvenezia.com). **Segler** können ihre eigenen Boote an der Marina der Insel Certosa ankern (Vento di Venezia, Tel. 041/520 85 88, www.ventodivenezia.it). Hotel und Restaurant stehen zur Verfügung. Die Möglichkeit zum **Rudern** besteht bei dem Verein Reale Società Canottieri Francesco Querini (www.canottieriquerini.it).

Stadtführungen

Bacari-Tour Eine Stadtführung, um die venezianische Esskultur in den typischen »bacari« (Kneipen) kennen und genießen zu lernen, hält Monica Cesarato in englischer Sprache zur Aperitif-Zeit ab. ■ www.monicacesarato.com, Treffpunkt am Piazzale Roma, 17 Uhr, 40 €

Itinerari Segreti Interessante Spezialführung am Vormittag zu den geheimnisvollen Gemächern des Dogenpalastes. ■ www.palazzoducale.visitmuve.it, 20 € (mit Palazzo Ducale), erm. 14 €, für Personen mit motorischen Problemen und Platzangst sowie für Schwangere nicht zu empfehlen; Kinder unter 6 Jahren sind nicht zugelassen.

Slow-Venice Tours Originelle dreistündige Touren, um den venezianischen Alltag zu entdecken. ■ Riva Ca' di Dio, www.veneziaunica.it, auch auf Deutsch, 15 €, erm. 10 €

Strom und Steckdose

Es ist auf jeden Fall ratsam, einen **Steckdosenadapter** für elektrische Geräte mitzunehmen, obwohl er selten benötigt wird.

Telefon und Internet

2017 wurden die Roaming-Gebühren in der EU und somit auch in Italien abgeschafft.
Öffentliche Telefonzellen sind im Lande des »telefonino« (Handy) und seit der Ära des Smartphones Ende 2015 entfernt worden.
In Italien wird immer die **0 der örtlichen Vorwahl** am Anfang gewählt, Handynummern haben dagegen nie eine Null an der ersten Stelle.

In den Unterkünften hat man in der Regel kostenlose **WLAN-Verbindungen** (collegamenti Wi-Fi), wenn nicht in jedem Zimmer, auf jeden Fall im gemeinsam genutzten Bereich. An 200 Stellen hat man in der Lagunenstadt einen kostenlosen Internetzugang für einige offizielle Webseiten, ansonsten gegen Bezahlung mit unterschiedlichen Tarifen: Das **Ticket WLAN 24 Std.** (zum Preis von 5 €) ermöglicht den Zugang zum öffentlichen WLAN-Netz von Venedig. Der Dienst ist für 24 Std. ab der ersten Verwendung gültig, und die WLAN-Verbindung steht in der Stadt Venedig nur in Bereichen zur Verfügung, an denen sich ein Hotspot befindet (s. Venezia Unica, Wi-Fi: www.veneziaunica.it).

Vorwahlen

- Deutschland: 0049
- Österreich: 0043
- Schweiz: 0041
- Italien: 0039

Toiletten

Die Liste der öffentlichen Toiletten findet man auf dem Stadtplan von Venezia Unica (Venice Map) oder direkt unter www.veneziaunica.it, Suchbegriff Toiletten.

Trinkgeld

Gewöhnlich gibt man 10 % zum Rechnungsbetrag dazu, sofern man mit dem Service zufrieden war. Im Restaurant wird »il conto« (die Rechnung) dementsprechend aufgerundet: Das Trinkgeld lässt man einfach auf dem Tisch oder auf dem kleinen Tellerchen liegen, auf dem die Rechnung überreicht wird.

Umgangsformen

Ausgehen

In Venedig kleidet man sich nicht nur bei einem Galadinner sehr elegant, auf passendes Outfit wird grundsätzlich viel Wert gelegt. Wenn man von Venezianern zum Abendessen daheim eingeladen ist, wird ein nicht zu sportlicher Dress erwartet – es sei denn, es wird explizit darauf hingewiesen. Es gehört zum guten Ton, »un dolce« (einen Nachtisch), eine kleine Aufmerksamkeit oder Blumen für die Gastgeberin mitzubringen.

Bars und Restaurants

In der Bar sollte man »un caffè« bestellen, will man es den Venezianern gleichtun. Den Cappuccino trinken Italiener nämlich nur zum Frühstück. Nicht zu große Gedanken sollte man sich machen, wenn man bei der Mahlzeit telefonieren muss: In Venedig, wie auch in ganz Italien, telefoniert man zu jeder Zeit und fast überall.

Kleidung

Es ist nicht erlaubt, mit kurzen Hosen oder Tops mit Spaghettiträgern Kirchen zu betreten (entsprechende Warnschilder hängen an den Türen der Gotteshäuser). Verboten ist es auch, im Strandoutfit in der Stadt herumzulaufen – im schlimmsten Fall droht eine bisweilen hohe Geldstrafe.

Verbote

Im Sommer 2017 informierte die Stadtverwaltung die Touristen durch die Kampagne »Enjoy Respect Venezia« über folgende Verbote, deren Missachtung bestraft wird: Sitzen und Essen rund um die Piazza San Marco (200 €), in die Kanäle springen (450 €), Papier auf der Straße wegwerfen (100–200 €), mit bloßem Oberkörper durch die Stadt gehen (200 €), Tauben füttern (50–200 €), mit dem Fahrrad durch die Stadt fahren (100 €, Ausnahme: Kinder bis 8 Jahre), im Freien übernachten (50 €), irgendwo »Liebesschlösser« anbringen (50 €). Zudem ist es nicht gestattet, lange auf Brücken zu verweilen.

Unterkunft und Hotels

Rund 30 Mio. Touristen besuchen Schätzungen zufolge Jahr für Jahr die Lagunenstadt, mit einem durchschnittlichen Aufenthalt pro Person von 2,3 Tagen, ca. 10 Mio. Übernachtungen wurden 2017 verzeichnet. Vom Luxushotel bis zur einfachen und schlichten Unterkunft kann man in Venedig jede Hotelkategorie finden – die Hotels sind in Sterne-Kategorien eingeteilt. Die **Preise** in der Lagunenstadt sind hoch, teilweise sogar sehr hoch, vor allem zu Karneval und während der Biennale. Wer jedoch in der »Nebensaison« (Okt., Nov., Dez. oder Jan.) Venedig besucht, kann deutlich sparen, sogar Luxushotels bieten dann günstige Tarife an. Es lohnt sich aber das ganze Jahr über, auf den entsprechenden Websites Hotelpreise zu vergleichen, ein Schnäppchen kann man immer machen, vor allem dann, wenn die Hotels nicht ausgelastet sind. Reiseveranstalter mit Hotels in der Lagunenstadt findet man unter www.fti.de. Immer größer wird auch das Angebot an etwas günstigeren Bed & Breakfast-Angeboten (www.bbitalia.it). Die **Kurtaxe** pro Person ist nicht im Preis des Hotels/B&Bs inbegriffen und vor Ort separat zu zahlen: Die Höhe dieses Betrags schwankt je nach Saison und Hotelkategorie zwischen 1 und 5 € am Tag. Im Juni 2017 hat die venezianische Verwaltung die Eröffnung neuer Hotels und B&Bs in der Lagunenstadt gestoppt: In Venedig werden etwa 47 000 Betten und 25 400 Zimmer bei einer Bevölkerung von knapp 55 000 Einwohnern angeboten.

Verkehrsmittel in der Lagune

In der autofreien Stadt fahren Autos und Busse bis zum Piazzale Roma, dort ist Endstation. Wer mit dem Auto anreist, findet hier Parkgaragen (S. 172). Autos und Busse verkehren dagegen auf der Insel Lido, wo es auch gebührenpflichtige Parkplätze gibt (werktags 8–13 und 15–20 Uhr, pro Std. 0,80 €).

Vaporetti

Um die Laguneninseln zu erreichen oder um den Canal Grande zu befahren, steigt man in Venedig am besten in ein Vaporetto (Wasserbus). Die Vaporetti fahren von 5 Uhr bis ca. 23 Uhr auf den wichtigsten Wasserstraßen der Stadt, darüber hinaus verkehren Nachtlinien (N). Die Einzelfahrt kostet 7,50 €. Statt eines (teuren) Einzeltickets bietet sich in der Regel der Kauf einer **Actv-Zeitkarte** an. Erhältlich sind diese Karten für 24 Std. (20 €), für 48 Std. (30 €), für 72 Std. (40 €) und für 7 Tage (60 €), genauere Infos auf den Websites www.veneziaunica.it oder www.actv.it. Die Tickets bekommt man an den Actv-Büros oder über Venezia Unica.

Gondeln

Als Verkehrsmittel dienen sie heute nicht mehr: die Gondeln. Eher als klassisches Venedig-Erlebnis für Touristen, das seinen Preis hat (S. 105). Übrigens:

Die Gondeln waren früher bunt und aufwendig verziert und dienten auch als Statussymbol. Um der Prunksucht Einhalt zu gebieten, wurde 1562 für alle Gondeln die Farbe Schwarz verordnet.

Gondel-Traghetto

Um den Canal Grande zu überqueren und dabei lange Umwege zu sparen, kann man auch einen »traghetto«, eine Gondelfähre, nehmen. Es gibt verschiedene (und wechselnde!) Anlegestellen, »stazi« genannt, wo man diese Gondeln besteigt: San Tomà, San Samuele-San Barnaba, Santa Sofia, Santa Maria del Giglio, Punta Dogana-Calle Vallaresso, San Marcuola und Rialto (Calle del Carbon). Diese Gondeln »da parada« tragen 6–8 Personen. Der Zeitplan ist unterschiedlich, die Einzelfahrt kostet 2 €.

Wassertaxis

In Venedig gibt es viele verschiedene Anbieter von Wassertaxis. Vorteil: Sie sind deutlich schneller und können auch Wasserstraßen befahren, die für die Vaporetti tabu sind. Der Preis für eine Bootsfahrt mit einem »motoscafo« hängt vom Anbieter, von der jeweiligen Strecke und von der Anzahl der Passagiere ab. Lizenzierte Taxis erkennt man an der gelben Schrifttafel am Boot. Online kann man bereits im Voraus die Tarife kalkulieren und seine Fahrt buchen.

■ Consorzio Venezia Taxi, Tel. 328/238 96 61, www.veneziataxi.it

■ Consorzio Motoscafi Venezia, Tel. 041/240 67 11, www.motoscafivenezia.it

Venezianischer Wortschatz für Straßen und Kanäle	
Calle	eine lange schmale Straße
Campiello	kleiner Platz
Campo	Platz
Canal	Kanal
Fondamenta	Uferstraße
Rio	kleiner Kanal
Rio Terà	Straße, die durch die Aufschüttung eines Kanals gewonnen wurde
Salizzada	längere Straße, die gepflastert wurde

Zollbestimmungen

Innerhalb der EU gibt es keine Beschränkungen für den Kauf und das Mitführen von Waren, wenn sie für den persönlichen Bedarf bestimmt sind.

Deutsche und österreichische Reisende dürfen daher Waren abgabenfrei, ohne Zollformalitäten und Mengenbegrenzungen, ein- und ausführen. Für **Tabakwaren und Alkohol** bestehen jedoch folgende unverbindliche Grenzwerte: 800 Zigaretten oder 400 Zigarillos oder 200 Zigarren oder 1 kg Tabak; 10 Liter alkoholische Getränke mit einem Alkoholgehalt von über 22 Vol. %, 20 Liter alkoholische Getränke mit einem Alkoholgehalt unter 22 Vol. %, 90 Liter Wein (davon max. 60 Liter Schaumwein) und 110 Liter Bier.

Wenn man in die **Schweiz** einreist, sind persönliche Gebrauchsgegenstände, Reiseproviant und Treibstoff abgabenfrei. Für die anderen mitgeführten Waren werden je nach deren Gesamtwert die Mehrwertsteuer (ab 300 Franken) und je nach deren Menge Zölle erhoben, jedoch nur auf Lebensmittel, Tabak, Alkohol und Treibstoff. Informationen über alle Waren, die nicht eingeführt werden dürfen auf www.zoll.ch.

Die Geschichte Venedigs

421 Venedig wird der Legende nach von den Bewohnern des Festlandes gegründet, die hier vor den Barbaren Zuflucht suchten.
639 Torcello wird Bischofssitz.
697 Der legendäre Paoluccio Anafesto wird zum ersten Dogen gewählt.
828 Venezianische Kaufleute rauben die Markusreliquien in Alexandria und bringen sie nach Venedig.
Um 1000 Venedig erobert Istrien und Dalmatien und wird zur Seemacht.
1104 Gründung des Arsenale.
1171 Die sechs »sestieri« entstehen.
1202–04 Venedig nimmt am vierten Kreuzzug teil, in dem Konstantinopel erobert wird.
1310 Die Lagunenstadt wird zu einer oligarchischen Republik.
1380 Sieg Venedigs über Genua, womit die Stadt zur stärksten Macht im Mittelmeerraum wird.
1454 Viele Regionen Norditaliens werden von Venedig beherrscht, bis zum Beginn des 16. Jh. baut die Stadt ihre Seemacht aus.
1489 Zypern fällt durch die Heirat von Caterina Cornaro an Venedig.

1498 Die Stadt wird zum wichtigen Handelsknotenpunkt.
1575–1630 Mehrere Pestepidemien fordern Tausende von Toten. Das venezianische Reich zerfällt.
1797 Der Doge Ludovico Manin wird durch die Truppen Napoleons gezwungen abzudanken – das Ende der venezianischen Republik.
1815 Beim Wiener Kongress wird Venedig an Österreich zurückgegeben.
1846 Eine Eisenbahnbrücke verbindet die Stadt mit dem Festland.
1866 Venedig und die Region Veneto fallen nach den italienischen Unabhängigkeitskriegen an Italien.
1895 Die erste Kunstbiennale eröffnet.
1932 Erstes Filmfestival von Venedig.
1979 Der Karneval von Venedig wird wiederbelebt.
1987 Venedig wird zum UNESCO-Weltkulturerbe ernannt.
2003 Das Theater La Fenice wird nach dem Brand von 1996 wiedereröffnet; Start des Projekts MOSE zum Schutz der Stadt vor Hochwasser – MOSE ist bis heute nicht abgeschlossen.
2008 Die vierte Brücke über den Canal Grande wird von dem Architekten Santiago Calatrava eröffnet.
2015 Luigi Brugnaro wird zum Oberbürgermeister gewählt.
2016 Die UNESCO fordert das Verbot großer Schiffe in Venedig.
2017 Rund 20 000 Venezianer stimmen bei einer unverbindlichen Befragung des Bürgerkomitees »No Grandi Navi« gegen die Kreuzfahrtschiffe, die durch die Lagunenstadt fahren, 1 % war dafür.

Eine Ansicht der Lagune mit Eisenbahnbrücke aus dem Jahr 1850

Italienisch für die Reise

Das Wichtigste in Kürze

Ja/Nein	*Sì/No*
Bitte/Danke	*Per favore/Grazie*
Hallo!/Auf Wiedersehen!	*Ciao!/Arrivederci!*
Guten Morgen!/Guten Tag!	*Buongiorno!*
Guten Abend!/Gute Nacht!	*Buonasera!/Buonanotte!*
Mein Name ist …	*Mi chiamo …*
Entschuldigen Sie!	*Scusi!*
Achtung!/Vorsicht!	*Attenzione!*
Ich verstehe Sie nicht.	*Non La capisco.*
Wie viel kostet …?	*Quanto costa …?*
Damen/Herren	*donne/uomini*
geöffnet/geschlossen	*aperto/chiuso*
gestern/heute/morgen	*ieri/oggi/domani*
Wie viel Uhr ist es?	*Che ore sono?/Che ora è?*
Wo ist …?	*Dov'è …?*
Wie weit ist …?	*A che distanza si trova …?*
Ist das der Weg nach …?	*È questa la strada per …?*
Nord/Süd/West/Ost	*nord/sud/ovest/est*
Ich möchte …	*Vorrei …*
Die Rechnung, bitte!	*Il conto, per favore!*
Restaurant	*ristorante*
Auto	*macchina*
Tankstelle	*stazione di servizio*
Benzin (bleifrei)/Super/Diesel	*benzina (senza piombo)/super/Diesel (gasolio)*
Panne	*guasto*
Hilfe!	*Aiuto!*
Fahrrad	*bicicletta*
Hauptbahnhof	*stazione centrale*
Busbahnhof	*stazione autolinee*
Flughafen	*aeroporto*
Ausweis	*documento*
Bank/Geldautomat	*banca/bancomat*
Arzt	*medico*
Apotheke	*farmacia*
Lebensmittelgeschäft	*negozio di alimentari*
Tourismusbüro	*ufficio per il turismo*

Wochentage

Montag/Dienstag	*lunedì/martedì*
Mittwoch	*mercoledì*
Donnerstag	*giovedì*
Freitag/Samstag	*venerdì/sabato*
Sonntag	*domenica*

Monate

Januar/Februar	*gennaio/febbraio*
März/April	*marzo/aprile*
Mai/Juni	*maggio/giugno*
Juli/August	*luglio/agosto*
September/Oktober	*settembre/ottobre*
November	*novembre*
Dezember	*dicembre*

Zahlen

1	*uno*	8	*otto*
2	*due*	9	*nove*
3	*tre*	10	*dieci*
4	*quattro*	11	*undici*
5	*cinque*	12	*dodici*
6	*sei*	100	*cento*
7	*sette*	1000	*mille*

Hinweise zur Aussprache

c,-cc	vor ›e‹ und ›i‹ wie ›tsch‹, Bsp.: ciao; sonst wie ›k‹, Bsp.: come
ch,-cch	wie ›k‹, Bsp.: che, chilo
g,-gg	vor ›e‹ und ›i‹ wie ›dsch‹, Bsp.: gente; sonst wie ›g‹, Bsp.: gola
gli	wie ›Lilie‹, Bsp.: figlio
gn	wie ›Cognac‹, Bsp.: bagno
sc	vor ›e‹ und ›i‹ wie ›sch‹, Bsp.: sciopero; sonst wie ›sk‹, Bsp.: scala
sch	wie ›sk‹, Bsp.: Ischia
sci	vor ›a, o, u‹ wie ›sch‹, Bsp.: lasciare
z	wie ›ds‹, Bsp.: zuppa

Register

A

Aeroporto Nicelli 156
Ala Napoleonica 70
Alberoni 156
Alighieri, Dante 45
Alkohol 179
Alleghe 55
Alta Badia 54
Anafesto, Paoluccio, Doge 38
Ando, Tadao 111
Anreise 171
Antico Cimitero Ebraico 157
Apotheken 176
Arsenale 44, 128
Auditorium Lo Squero 84
Auto 171, 172

B

Bacari 145
Bahn 171
Barrierefreies Reisen 173
Basilica di San Marco 49, 73
Basilica Santa Maria Assunta, Torcello 163
Basilica Santi Maria e Donato, Murano 165
Bella, Gabriel 134
Bellini 95, 128, 133, 145
Bellotto, Bernardo 34
Belluno 56
Biennale 131
Biennale Cinema *siehe* Filmfestspiele
Bon, Bartolomeo 117
Boote 192
Bozen 52
Brodsky, Joseph 166
Burano 161
Bus 171
Byron, Lord 160

C

Ca' Corner della Regina 90
Ca' Dario 114
Ca'd'Oro 144
Caffè Florian 71
Ca' Foscari 117
Calatrava, Santiago 149
Campanile di San Marco 47, 69
Campanile, Torcello 163
Campo San Polo 97
Campo Santa Margherita 119
Campo Santi Apostoli 143
Campo Santo Stefano 80
Canaletto (Antonio Canal) 33, 35
Canal Grande 66
Cannaregio 140
Canova 95
Ca' Pesaro 91
Caprile 55
Ca' Rezzonico 33, 117
Carpaccio 144
Carriera, Rosalba 43
Casa dei Tre Oci 108
Casa del Tintoretto 146
Casa di Carlo Goldoni 96
Casanova, Giacomo 77
Casinò di Venezia 150
Castello 124
Chiesa dei Gesuiti 143
Chiesa della Pietà 138
Chiesa di San Vidal 81
Chiesa Santa Maria del Carmine 118
Cima da Conegliano 145
Cipriani, Giuseppe Arrigo 164
Circolo Golf Venezia 159
Cison di Valmarino 56
City-Pässe 69, 177
Codussi, Mauro 133, 135, 137, 166
Colleoni, Bartolomeo 137
Collezione Peggy Guggenheim 114
Conegliano 57
Contarini, Doge 74
Cornaro, Caterina 91, 117
Corner, Marco, Doge 143
Cortina d'Ampezzo 54
Corvara 54

D

Dandolo, Enrico, Doge 39
Diplomatische Vertretungen 173
Dogen 38, 74
Dokumente 171
Dorsoduro 100
Dune Alberoni 156
Dürer, Albrecht 83

E

Einkaufen 26, 173
Einreise 171
EnjoyRespectVenezia 38, 41
Erberia 89
Ermäßigungen 29, 116, 162
Events 174

F

Fahrradfahren, Lido 192
Feiertage 36, 175
Ferienwohnungen 28, 29, 128
Festa del bòcolo 36
Festa della Salute 113
Festa della Sensa 157, 158
Festa del Redentore 107, 111
Festivals 174
Filmfestspiele 158
Flugzeug 171
Fondaco dei Tedeschi 82
Fondaco dei Turchi 31
Fondazione Giorgio Cini 78
Fondazione Prada 90
Fondazione Querini Stampalia 133
Fondazione Vedova 104
Fonte, Moderata 43
Fortuny y Madrazo, Mariano 81
Francesco Foscari, Francesco, Doge 117
Franchetti, Giorgio 144
Führerschein 172
Fumiani, Giovanni Antonio 121
Fundbüro 175

G

Galleria Giorgio Franchetti 144
Gallerie dell'Accademia 115
Garibaldi, Giuseppe 130, 131
Geislergruppe 53

Geld 175
Gepäckaufbewahrung 175, 192
Geschichte 38, 46, 184
Gesundheit 176
Ghetto 146
Giardini Papadopoli 94
Giardini Pubblici 131
Giudecca, Insel 106
Gobbo di Rialto 89
Goldoni, Carlo 96, 97
Gondelfahrt 182
Gondeln 31, 104, 105, 192
Gondel-Traghetto 183
Gonzaga, Carlo I. 40
Gran Caffè Lavena 84
Grand Hotel Des Bains 154
Gran Teatro la Fenice 79
Gröden 53
Grödner Joch 54
Guardi, Francesco 34
Guggenheim, Peggy 114

H

Harry's Bar 84
Haustiere 176
Heiraten in Venedig 83
Helena, Kaiserin 132
Heliair.it 159
Hemingway, Ernest 73, 164
Hochwasser 130
Hotel Excelsior 154
Hotel Hungaria 155
Hotels 182

I

Il Ballo del Doge 98
Information 176
Internet 180
Interpreti Veneziani 81, 84

J

Jacopo Palma il Giovane 143
Jugendstil-Villen 155

K

Karneval 73, 134
Kinder 28
Kleidung 177, 181
Klima 177
Krankenhäuser 176
Kreuzfahrtschiffe 111
Küche, venezianische 22, 178
Kultur 177
Kunst 32
Kunstbiennale *siehe* Biennale
Kunsthandwerk 26

L

La Barca 120
La Certosa 160
La Regata Storica 117
Leon, Donna 93
Le Zitelle 107
Lido 30, 154
Lombardo, Pietro 137, 142
Longhena Baldassare 112, 117, 148, 149
Longhi, Pietro 133

M

Madonna dell'Orto 145
Malamocco 155
Mantegna 144
Marco Polo 143
Maria, Mario De 108
Märkte 173
Markus, Evangelist 36, 133
Marzobbo, Insel 162
Maut 172
Medien 178
Medizinhistorisches Museum 137
Mocenigo, Pietro, Doge 92, 136
Moeche 130
Molino Stucky 109
Monumento Colleoni 137
MOSE 130
Murano 29, 164
Murano-Glas 30, 164
Murazzi 156
Museo Correr 71
Museo del Merletto 162
Museo del Settecento Veneziano 33, 117
Museo del Vetro 164
Museo Diocesano d'Arte Sacra 127
Museo di Storia Naturale 31
Museo Ebraico 148
Museo Storico Navale 45, 129

N

Nachtleben 178
Nikolaus von Myra 157
Notfall 179

O

Öffnungszeiten 179
Oswald von Wolkenstein 53
Ötzi 53

P

Padiglione delle Navi 129
Pala d'oro, Basilica di San Marco 74
Palazzo Cavalli 83
Palazzo Dandolo 126
Palazzo del Cinema 158
Palazzo delle Prigioni Nuove 138
Palazzo delle Zattere 103
Palazzo Ducale 75
Palazzo Fortuny 81
Palazzo Mocenigo 92
Palazzo Vendramin Calergi 144
Palladio, Andrea 77, 108, 133
Palma il Giovane 137
Palma il Vecchio 135
Parco Savorgnan 149
Parco Villa Groggia 146
Parken 94, 172
Partecipazio, Angelo, Doge 37
Passo Falzarego 54
People Mover 172
Pescheria 89
Pest 40
Petrus Mechitar, Mönch 159
Piano, Renzo 104
Piazza San Marco 68
Piazza Torcello 163
Piazzetta 136
Piccolo Mondo, Club 122
Pietro II. Orseolo 157
Piscina Sant'Alvise 146
Piscopia, Elena Lucrezia Cornaro 42
Pomagagnon 55
Ponte, Antonio da 88
Ponte dei Sospiri (Seufzerbrücke) 77
Ponte dell'Accademia 116
Ponte della Costituzione 149
Ponte di Rialto 88
Post 179
Pound, Ezra 166
Pratt, Hugo 158
Preise 179

Procuratie Nuove 70
Procuratie Vecchie 70
Prosecco-Straße 57
Punta della Dogana 111

Q

Querini Stampalia, Giovanni 133

R

Radfahren, Lido 159
Rauchen 179
Redentore 108
Regata di Burano 162
Reisezeit 18, 177
Rialto-Brücke *siehe* Ponte di Rialto
Ritten, Hochplateau 52
Riva degli Schiavoni 126
Rizzo, Antonio 132
Rossi, Domenico 143

S

Sacca Sessola, Insel 107
San Francesco del Deserto 161
San Francesco della Vigna 133
San Giacomo dell'Orio 93
San Giacomo di Rialto 49, 89
San Giorgio dei Greci 128
San Giorgio Maggiore 77
San Giovanni Elemosinario 90
San Lazzaro degli Armeni 159
San Michele 166
San Nicola da Tolentino 93
San Nicolò 157
San Nicolò dei Mendicoli 102
San Pantalon 121
San Pietro di Castello 132
San Pietro di Feletto 57
San Polo 86
San Sebastiano 102
San Stae 92
Santa Croce 86
Santa Fosca, Torcello 163
Sant'Alvise 146
Santa Maria dei Miracoli 142
Santa Maria del Giglio 78
Santa Maria della Pietà 126
Santa Maria della Salute 112
Santa Maria del Rosario (Gesuati) 103
Santa Maria di Nazareth 149
Santa Maria Formosa 134
Santa Maria Gloriosa dei Frari 95
Sant'Elena 132
Sant'Erasmo 161
Sant' Eufemia 109
Santi Apostoli 143
Santi Giovanni e Paolo 135
San Zaccaria 127
Sardi, Giuseppe 78, 149
Sassongher 54
Scala Contarini del Bovolo 82
Scarpa, Carlo 134
Schifffahrtsmuseum *siehe* Museo Storico Navale
Scuola Grande dei Carmini 118
Scuola Grande di San Marco 137
Scuola Grande di San Rocco 94
Scuola Grande di Santa Maria della Carità 115
Scuola Grande San Giovanni Evangelista 98
Scuole Grandi 95
Sicherheit 179
Sinagoga Italiana 148
Sinagoga Scuola Grande Tedesca 148
Sinagoga Scuola Levantina 148
Sinagoga Spagnola 148
Souvenirs 179
Sport 180
Sprachführer 183, 185
Squero San Trovaso 31, 104
Stadtführungen 89, 180
St. Christina in Gröden 53
Steckdosen 180
Straßenverkehr 172
Strawinsky, Igor 166
Strom 180
Strozzi, Barbara 43
St. Ulrich in Gröden 52
Synagogen 148

T

Tanken 172
Teatro Carlo Goldoni 84
Teatro Junghans 122
Teatro La Fenice 84
Teatro le Tese 138
Teatro Malibran 150
Teatro Piccolo Arsenale 138
Telefon 180
Tempolimits 172
Tickets 177
Tiepolo 118, 146
Tintoretto 77, 94, 137, 145, 146
Tizian 95, 143, 144
Toiletten 181
Torcello 162
Torre dell'Orologio 72
Traghetto (Gondelfähre) 89
Treviso 57
Trinkgeld 181

U

Übernachten 85, 99, 123, 139, 150, 167
Umgangsformen 181
Unfall 173
Unterkünfte 182

V

Valdobbiadene 56
Vaporetto 50, 66, 182, 192
Vedova, Emilio 104, 166
Vedutenmalerei 32
Venice Jazz Club 122
Venice Music Project 122
Venier, Antonia 146
Verbote 181
Verkehrsmittel 182
Verkehrsvorschriften 172
Veronese 103, 136
Verrocchio, Andrea 137
Via Garibaldi 130
Viktor Emanuel II., König 40
Virtuosi di Venezia 84
Vittorio Veneto 56
Vivaldi, Antonio 126, 127
Vivarini 95
Vogalonga 112

W

Wagner, Richard 145
Währung 175
Wassertaxis 183
Wolkenstein 54

Z

Zanipòlo *siehe* Santi Giovanni e Paolo
Zattere 103
Zollbestimmungen 183

Bildnachweis

Titel: Gondeln auf dem Canal Grande vor der Basilica di Santa Maria della Salute
Foto: **Shutterstock.com** (canadastock)

Alamy Stock Photo: PRISMA ARCHIVO 40.2, **AWL Images:** Michele Falzone 16/17; K. Garrod 7.1; J. Arnold 10/11 – **gemeinfrei:** 33, 35, 38 – **Getty Images:** 2018 Simone Padovani/Awakening 21, 36, 37; Massimo Borchi/Atlantide Phototrave 57; Hulton Archive/Historica Graphica Collection 184 – **Huber Images:** Davide Erbetta 18; Irek 28; Giovanni Simeone 30; Sebastian Wasek 50; Hans-Georg Eiben 54; Arcangelo Piai 56; Cesare Gerolimetto 7.2; F. Cogoli 62.1, 96, 154/155; G. Baviera 109; G. Gräfenhain 142 – **INTERFOTO**: Mary Evans 41; Sammlung Rauch 43 – **Jahreszeiten Verlag:** L. Spoerl 6/7, 8.1, 14/15, 19, 20, 22, 25, 49, 58/59, 68/69, 76, 106/107, 113, 115, 125.1, 129, 159; Arthur F. Selbach 63.3, 65, 75, 87.1, 116, 144, 166 – **laif:** C. Guy/hemis.fr 110 – **Lookphotos:** Katharina Jaeger 26; Holger Leue 29; robertharding 60.2, 88; J. Greune 63.2; K. Johaentges 101, 157, 163; age fotostock 136/137 – **mauritius images:** Dorling Kindersley ltd/Alamy 27; Old Visuals 32, 34; The Picture Art Collection/Alamy 40.1; Hercules Milas/Alamy 42; Collection PJ/Alamy 44; Matthias Scholz/Alamy 48; Eden Breitz/Alamy 51; escapetheofficejob/Alamy 55; Viennaslide/Alamy 61.2; graham whitby boot/Alamy 62.2; imageBROKER/K. Galvin 71; age fotostock/M. Silvan 79; Matthias Scholz/Alamy 83; CuboImages/P. Reda 91; Photography Hint/Alamy 92; ClickAlps 102; age fotostock/C. Morucchio 112; J. Kellerman/Alamy 119; CuboImages/E. Buttarelli 120; travelimages/Alamy 131; Eden Breitz/Alamy 132; B. Bjeldbak/Alamy 147; angelo giampiccolo/Alamy 160; escapetheofficejob/Alamy 192 – **picture alliance:** Bildagentur-online 24 – **Schapowalow:** Matteo Carassale 23 – **Shutterstock.com:** canadastock 12/13; Viacheslav Lopatin 39; Christian Mueller 46; Andrew Angelov 47; vesilvio 11; Ozerov Alexander 60.1; Stanislav Samoylik 63.1; Veniamin Kraskov 80; M. Warwick 82; M. Golovianko 126; sonsam 134; Efired 135; Cezary Wojtkowski 148; fokke baarssen 153.1; M. Charles Hatch 165; Kefca 174 – **stock.adobe.com:** JFL Photography 67; Frank 72

Herausgeber: GRÄFE UND UNZER VERLAG GmbH, Postfach 86 03 66, 81630 München
Leitender Redakteur: Benjamin Happel
Autorin: Nicoletta De Rossi
Verlagsredaktion: Silke Tauscher (verantw.), Larissa Köpp, Gernot Schnedlitz, Nadia Terbrack
Redaktion und Satz: Gudrun Raether-Klünker, Anja Linda Dicke, Thomas Rach, www.bintang-berlin.de
Bildredaktion: Dr. Nafsika Mylona
Schlusskorrektur: Jessika Zollickhofer
Reihengestaltung: Independent Medien Design, Horst Moser, München; Eva Stadler, München
Kartografie: Kunth Verlag GmbH & Co. KG, München
Herstellung: Mendy Willerich
Druck + Bindung: Drukarnia Dimograf Sp z o.o. (Polen)

Ansprechpartner für den Anzeigenverkauf:
KV Kommunalverlag GmbH & Co. KG, MediaCenter München, Tel. 089/928 09 60

GRÄFE UND UNZER

Ein Unternehmen der
GANSKE VERLAGSGRUPPE

ISBN 978-3-95689-764-1
1. Auflage 2020

Leserservice
adac@graefe-und-unzer.de
Tel. 00800/72 37 33 33 (gebührenfrei in D, A, CH)
Mo–Do 9–17 Uhr, Fr 9–16 Uhr

Die exotischste
Zutat?
Deine
Neugier.
G|U
VIETNAM
TAJINE
TEX-MEX
KÜCHE
So gut schmeckt
die Welt.
Koch dich einmal um den
Globus mit der erfolgreichsten
Kochbuchreihe der Welt und
aufregenden Ideen für Köstlich-
keiten aus aller Herren Länder.
Für dein leckerstes Ich.
Überall, wo es Bücher und E-Books
gibt, und auf www.GU.de

Unterwegs in Venedig

Vaporetti
Mit den Wasserbussen gelangt man rasch von A nach B. Der Kauf von Zeitkarten spart Geld und Zeit, da man nicht jedes Mal erneut eine Fahrkarte kaufen muss.

■ Details auf S. 182

Gondola, gondola
Sie sind der Inbegriff Venedigs: die Gondeln. Nahezu lautlos gleiten sie durch das Gewirr der Kanäle und machen einen auch mit stillen Ecken bekannt, die man sonst eher nicht zu sehen bekommt.

■ Details auf S. 105

Zu Fuß
Das Fortbewegungsmittel in Venedig schlechthin sind die Füße, und tatsächlich ist man die meiste Zeit auch zu Fuß unterwegs. In der Lagunenstadt gibt es zwar keine Anhöhen, dafür über 400 Brücken: Bequeme Schuhe sind Pflicht!

Gepäckaufbewahrung
Nicht nur am Bahnhof, am Piazzale Roma und am Flughafen befinden sich Gepäckdepots: Auch im Herzen der Stadt kann man den Koffer in einer Gepäckaufbewahrung lassen.

■ Details auf S. 175

Lido mit dem Fahrrad
Die 12 km lange Insel kann man mit dem Fahrrad erkunden, was im Zentrum Venedigs verboten ist. Verschiedene Verleihe bieten Räder an.

■ Details auf S. 159

Mit dem eigenen Boot
Möchte man mit dem eigenen Boot Venedig ansteuern, informiert man sich am besten über die Geschwindigkeitsbegrenzungen in der Lagune und in den Kanälen Venedigs sowie über die öffentlichen Ufer, an denen man tagsüber ankern darf.

■ Details unter www.comune.venezia.it (unter »cartografia« und »viabilità«)